坏习惯 坏成绩

秦榆◎编著

图书在版编目（CIP）数据

坏习惯，坏成绩 / 秦榆编著. -北京：当代世界出版社，2006.7
ISBN 978-7-5090-0094-6

Ⅰ. 坏…　Ⅱ. 秦…　Ⅲ. ①学习心理学 ②学习方法
Ⅳ. ①G442 ②G791

中国版本图书馆CIP数据核字（2006）第054038号

责任编辑：朱　磊

出版发行：当代世界出版社
地　　址：北京市复兴路4号（100860）
网　　址：http://www. worldpress. com. cn
编务电话：（010）83908400
发行电话：（010）83908400（传真）
　　　　　（010）83908408
　　　　　（010）83908409
经　　销：全国新华书店
印　　刷：天津冠豪恒胜业印刷有限公司
开　　本：710×1000毫米　1/16
印　　张：17.5
字　　数：196千字
版　　次：2006年7月第1版
印　　次：2020年4月第2次印刷
印　　数：1～5000册
书　　号：ISBN 978-7-5090-0094-6
定　　价：48.00元

发如现印装质量问题，请与承印厂联系调换。
版权所有，翻印必究；未经许可，不得转载！

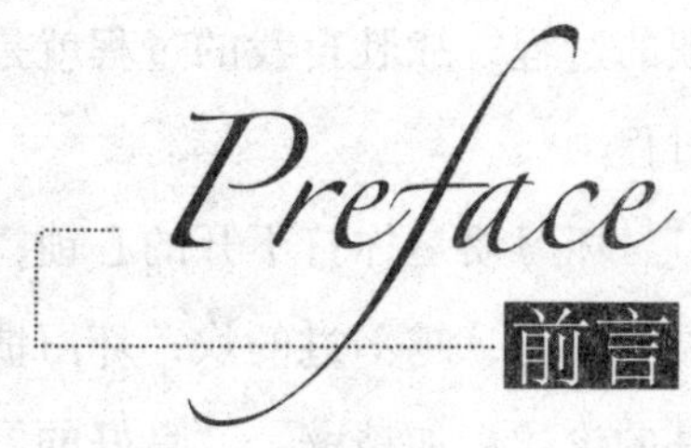

前言

在倡导素质教育的今天，我们绝不提倡盲目追求成绩、重视成绩，用成绩来衡量一切。学习过程中，成绩仅是一种量化的衡量标准，成绩的好坏不能决定一切，但能反映一定的问题。坏习惯不等于坏成绩，却是产生坏成绩的根源，坏成绩是已经产生的结果，坏习惯却是一种不断产生坏成绩结果的状态。并且坏习惯也影响到孩子的日常学习与生活。

孩子们在日常生活和繁杂的学习中，自然而然形成一种为人所共知的习性——习惯。我们的习惯完全是个性的外衣，它们不是偶然或偶发的。习惯决定一个人一生前进道路的平坦与坎坷，成功与失败，辉煌与落魄，灿烂与暗淡，伟大与平凡，乐观与悲观。

习惯极大地影响着人们的日常行为，没有好习惯，很难有大成就，有了坏习惯，绝对不能成大事。“一个最高尚的人也可以因坏习惯而变得愚昧无知，粗野无礼。”习惯总是由一个人行为的积累而定型的，开始不易察觉，直到有一天牢不可破时，才发觉其存在。习惯决定一个人的性格，所以成为决定人生的重要因素。好习惯可以把人引向光明的前途，坏习惯则把人领向黑暗的深渊。因此，孩子身上的坏习惯一定要加以纠正，因势利导，使其坏习惯转变成好习惯。

每个人追求成功的过程就是一个理性战胜本能，克服自身缺陷与坏习惯的过程，战胜自我的过程就是一个不断地与自身缺陷和坏习惯做斗争的过程。

坏习惯是你打不开的心锁；坏习惯是你转不过的弯；坏习惯是你看不见的障碍，越不过的坎；坏习惯是你解不开的愁情。俄罗斯教育家乌申斯基的论述更加精辟：“良好的习惯是人在神经系统中存放的资本，这个资本不断地增值，而人在其整个一生中享受它的利息。坏习惯则是道德上无法偿清的债务，这种债务能够用不断增长的利息去折磨人，去麻痹他的最好创举，并使他达到道德破产的地步。”

为了不让坏习惯成为大问题，将其扼杀于萌芽状态，为了让孩子对所失有挽回的余地，更为了及时发现孩子身上的坏习惯，本书中我们用很多生动、发人深省的故事作为“引子”，在每一篇针对坏习惯所做的结束部分，大多都有一些我们针对问题所开出的“药方”，希望可以供家长作为类似问题的参考。其中，更多的是对一些成功家教的总结，你会发现“倾听”、“交流”、“鼓励”，给孩子营造气氛轻松、活泼、自由而不放纵的家庭环境是关键。

总之，理想的家庭教育需要的不仅是作为家长的你的诚心与爱心，更重要的是耐心与智慧。这样才能逐渐把孩子的坏习惯纠正，引导其养成好习惯。教育不仅仅需要学校、社会，更重要的是家庭，不要把过多的期望寄托于尚未完善的学校。学校教育是基础，但它更依赖于家庭教育的辅助。要重视家庭教育，提高对家庭教育的理解程度，家庭教育不能流于表面形式，家长更要用爱心与智慧，使家庭教育厚重而不刻板，为孩子创造一个良好的成长环境。

希望这本书可以为一直因纠正孩子坏习惯而苦恼困惑的你起到导航作用，而且真心希望你能为孩子的健康成长努力实践。

第一章　学习中的坏习惯是无形的陷阱

——正视学习中的不良行为

第二章　万般皆下品，唯有“学习”高

——纠正心理误区

第四章 为了学有所成

——事半功倍是捷径

第五章 因势利导，因材施教

——学习的堡垒要用有力的武器攻破

第六章　确立目标，主动出击

——善于用脑才有优异的成绩

第一章

学习中的坏习惯是无形的陷阱

——正视学习中的不良行为

坏习惯1. 孩子用眼不卫生的坏习惯

我们常常因为少了一双鞋子而闷闷不乐，直到有一天在街上见到有人缺了两条腿。而被我们忽视的，往往是最为寻常而珍贵的东西啊！

你想知道为什么有人在水槽洗碗会有战栗的感觉吗？那就读一下鲍希尔德·达尔写的《我想看》吧。作者是个盲眼妇女，失去视觉近乎半个世纪之久。她在书中叙述道："我有一只眼睛看得见，却又布满伤痕，只能奋力通过眼睛左边的一小部分看东西。念书的时候，我得把书本举到眼前，并且用力把眼珠挤到左边去。"

但是，鲍希尔德不愿意受人同情，不愿被视为与众不同。小时候，她很想和其他小孩玩"跳房子"的游戏，却看不到地上画的线。于是，她等到孩子们回家后，独自一人趴在地上找画在地上的线，并记住线的位置。等到下次和其他小孩玩耍的时候，她居然成了此项中的专家。她喜欢在家里看书，每次都把大字书举到靠近眼睫毛的地方才看得见。但是她得了两个学位，一个是明尼苏达大学的文学学士学位，一是哥伦比亚大学的文学硕士学位。

她开始在明尼苏达州的李谷村执教，后来升任南达科塔州奥噶斯塔那学院的新闻与文学系教授。她在那里教了13年书，并且在妇女俱乐部演讲，在广播电视台主持一个"书籍与作者"的节目。她在书中写道："在我的内心深处，一直掩藏着对眼盲的恐惧。为了克服这种念头，我选择了欢乐、近乎嬉闹的生活态度。"

1943年，鲍希尔德已经是52岁的老妇，奇迹出现了！著名的“美友医院”为她动了一次成功的手术，她看得见了，比她以前所看到的要清楚几十倍！一个崭新的、令人兴奋的可爱世界呈现在她的眼前。现在，她甚至在厨房水槽洗碗的时候，都会有战栗的感觉，害怕这一切又会在眼前消失。“我玩弄碗盘里的肥皂泡泡，”她写道，“我把手伸进肥皂泡沫里，抓起一团肥皂泡。小肥皂泡迎着光，显示出一种漂亮的颜色。”就在厨房的水槽上方，她透过窗户看到：“燕子张着灰黑色的翅膀，掠过大雪纷飞的雪地。”当她陶醉在肥皂泡沫和燕子的景象中时，她用以下的句子结束了这本书：

“亲爱的上帝，我们的苍天之父，我感谢你……”

想想看，只因为在洗盘子的时候看到泡泡里的彩虹，只因为看到飞翔在雪地里的燕子，她就能感谢上帝，赞美上帝。而我们这些正常享受自然所恩赐的一切的正常人，一直都生活在鲍希尔德美妙的仙境里，一直浪费地使用那些无比珍贵的恩赐，却都恍若无睹，难道是我们麻木了吗？

在鲍希尔德的世界里，还有什么比一双健康的眼睛更重要、更珍贵的东西呢？而我们每一个拥有健康双眼的人却往往忽视了它的存在，以为那是取之不尽、用之不竭的东西。随着文明程度的提高，我们渐渐意识到每一株树木花草的重要，却对自身的健康熟视无睹。很多无法摘掉眼镜的成人非常担忧地看着自己的孩子又走到自己的老路上来。有趣的计算机游戏、电视节目无情地消磨掉孩子们宝贵的视力，虽然这是一个眼镜的款式如同衣服的样式那样绚烂多彩的时代，但是我们真正担忧的问题却在愈演愈烈：眼睛对于学习的重要性不言而喻，因此，没错，该是帮他改一改用眼的坏习惯的时候了。

不正当的用眼包括很多内容：

疲劳用眼，比如“开夜车”；

阅读姿势不正确，比如躺卧、斜视等等；

在光线不足的条件下长时间用眼，比如非护眼台灯的光线不足；

长时间的计算机游戏等等。

坏习惯2. 孩子忽视劳逸结合的坏习惯

生活中最难以解决的冲突之一，便是无法用充足的时间和精力来做一切我们想做的事情。所以，有计划的休息是手段而不是目的。

五官科的病房里同时住进来两位病人，都是鼻子不舒服。在等待化验结果的时候，甲说，如果是癌，立即去旅行，首先去敦煌，然后去拉萨，乙也表示赞同。

结果出来了，甲得了鼻癌，乙长的是鼻息肉。

甲列出了一张告别人生的计划表：去一趟拉萨和敦煌；从攀枝花坐船一直到长江口；到海南的三亚以椰子树为背景拍一张照片；在哈尔滨过一个冬天；从大连坐船到广西的北海；登上天安门；读完莎士比亚的所有作品；力争听一次瞎子阿炳的原版《二泉映月》；成为北京大学的一名学生；要写一本书……凡此种种，一共有27条。

在这份生命的清单后面他这样写道：

“我的一生有很多梦想，有的实现了，有的由于种种原因，没有实现。”

“现在上帝给我的时间已经不多了，为了不遗憾地离开这个世界，我打算用生命的最后几年去实现还剩下的27个梦想。”

当年，甲就辞去了公司的职务，去了拉萨和敦煌。第二年，又以惊人的毅力和韧性通过了成人高考，成为北京大学中文系的一名学生。这期间，他登上了天安门，去了内蒙古大草原，而且还在一家牧民家里和他们住了一个星期。现在，甲正在实现出一本书的夙愿。

有一天，乙在报纸上看到甲写的一篇散文，打电话去问甲的病情。甲说，我真的无法想象，要不是这场病，我的生命该是多么的糟糕。是它提醒了我，做我自己想做的事情，去实现自己的梦想，现在我才体味到什么是真正的生命和人生。你生活得也挺好吧！乙没有回答，因为在医院里他所讲过的一切，早就已经因为患的不是癌症而被抛到脑后去了。

其实，这是一个多少带有感伤色彩的故事。在这个世界上，我们每个人都患有一种癌症，不是吗？那就是死亡，谁也不可能抗拒。但是我们之所以没有像患鼻癌的甲那样，列出一张生命的清单，抛开一切多余的东西去实现梦想，也许是因为我们认为自己还会活得更久。也许正是因为这一点差别，使我们的生命有了质的不同。平日的劳碌折磨了我们的一切感官，而死亡却带给了甲对人生和生命价值的真正体味。

现代社会工作的节奏是快四步，不仅肉体疲劳，精神也会疲惫不堪。适当地休息，就好比军队刚刚打了一场恶仗，休整一下，以利再战，是非常必要的。其实，孩子的学习又何尝不是这样的呢？三点一线的学校生活，整日面对黑板、课本的单调“风景”，成绩提高的同时，消磨掉的东西却也不少。首先是他们宝贵的视力，近视在现代中学生当中已经是非常普遍的情况了，还有，孩子的背是否已经在读书的时候习惯性地驼了下来；他们对美的那份敏感与细腻呢，一样被淹没在公式、数字与很多不知所云的词句里。因此，孩子们需要休息，需要一个完整香甜的睡眠、一段轻松舒缓的音乐或者一份精致可口的饭菜……

下面是对孩子休息时间安排的建议：

1. 创造轻松休闲空间

没有必要让紧张的学习和工作把家里的氛围搞得紧张兮兮的，舒缓的轻音乐和鲜花都是不错的选择。

2. 轻松地谈话

可以围绕一些话题进行谈论，要尽量轻松。但不代表谈话内容只是家长里短，飞短流长。例如可以谈家长自己的经历，或者策划一次远期内想要实现的旅行。

3. 适当安排孩子做一些家务

不要认为家务事应该与孩子无缘，会加重他们学业之外的负担。适当地做一些家务，可以达到劳逸结合、放松身心的目的。养花、买菜、收拾屋子……当然，这种习惯都是从小培养比较好。体力劳动也是很好的放松。

4. 摆事实

用自己或别人的经历告诉孩子忽视健康、不会休息的可怕后果。

坏习惯3. 孩子畏难的坏习惯

有人说，生存就是变化，变化就是积累经验，经验就是无休止地创新自己。也许我们天生两只耳朵，两只眼睛，一张嘴，这正是让我们多听多看。

我们常常不知道自己应该做什么，幼时的梦想越来越远，风霜的磨砺和肩上的重担时时让我们不知所措，我们不知道接下来应该如何办。“高考的压力始终像一块大石头压在那里，我不知道自己的努力会不会有自己想要的结果。压力没有给我动力，真的，我的信心总是那样的不稳定。今天想好好学习，明天就又泄气了……”“要是没有学校的话，我想我会对学习感兴趣的，我会每天坚持读自己喜欢的书，把自己感兴趣的事情记录下来，还可也研究自己感兴趣的问题呢！”“我觉得自己是没有希望的，因为我很明白自己的缺点是没有恒心，但是我的心都浮了，一坐下来就烦。”有这些想法的学生不在少数。

对于绝大多数人而言，惰性始终是如影随形的，你又怎么能够指望一个馋嘴的孩子守着一盒巧克力而无动于衷呢？至于不能坚持而使学习陷入一曝十寒的境地，往往正是这种惰性的结果。老师们普遍对没有持久精神的学生感到头痛，因为这不仅影响到教学进程的正常实施，更重要的是影响学生自身知识技能的积累。因为中小学阶段许多知识的学习都是为进入高等院校打基础的，而此时也正是人类记忆的黄金时段，持续而不间断的复习、记诵、练习对学习本身大有裨益。实际上很多成绩平平的孩子并不是领悟、理解能力差，也不是我们通常意义上所谓的“不聪明”，而是缺乏毅力与恒心。相反，很多在各方面都很优秀的孩子往往是勤奋不懈的人，而不是我们想象当中的“卓越”分子。因此，细细体味“天才是百分之一的灵感加上百分之九十九的汗水”的含义，你就会觉得，爱迪生这句话说得是不错的。

有一个3只小闹钟的故事给人以启迪。

有一只新组装好的小闹钟放在了两只旧钟的中间。两只旧钟“滴答”、“滴答”一分一秒地走着。其中一只旧钟对小闹钟说：“来吧，你也应该工作了。可是我有点担心，你走完3200万次后，恐怕便吃不消了。”“天啊！3200万次。”小闹钟吃惊不已，“要我做这么大的事情，我可办不到的呀！”另外一只旧钟说：“别听他胡说八道。不用害怕，你只要每秒钟‘滴答’摆一下就可以了。”“天下会有这么简单的事情！”小闹钟将信将疑，“如果真是这样，我就来试试吧！”小家伙很轻松地每秒钟“滴答”摆一下，不知不觉中，一年过去了，它摆了3200万次。

每个人都渴望梦想成真，成功似乎远在天边遥不可及，倦怠和不自信常使孩子怀疑自己的能力乃至放弃努力。其实，家长可以告诉他们，大可不必多想一个月甚至一年之后的事情，只要想着今天自己要做些什么，明天我应该做些什么，然后努力去完成，就像那只钟一样，每秒钟“滴答”摆上一下，成功的喜悦就会慢慢浸润我们的生命。

可见，有一个正确的方向，知道自己在干什么，然后认认真真地每天做下去，成功就会在生命的某个角落里等着你。早一天或者晚一天有偶然的成分，但是收获成功肯定是必然。

回顾我们自身的奋斗与发展，抛却那些无可言说的偶然和机缘，我们走路的时间远比欣赏风景的时间久；挥汗的时候远比遐想的时间多。因此，我们拥有了现在自己看来比较满意的一切。但是，这一切都是我们的，不是吗？就是说没有理由让这些东西成为你的孩子引以为荣并且怠惰不前的资本。所以，只有两条道路：第一，从现在开始，让孩子明白一切都要靠自己的勤奋与不懈努力，并且让他身体力行。你会惊喜地发现在他的身上一天天地发生着变化。第二，放任自流，让他在怠惰中把自己的一切怠惰行为看做合理，让机会因孩子的怠惰白白流走，把后悔留给你和他的后半生。当然，这是我们都不愿意看到的。

还是那句老话，不要让孩子觉得一切都是理所应当的。让他尝试着去做一些锻炼工作。例如养一盆花，定期收拾房间之类，但是要约法三章，切实执行因懒惰而导致不良后果的惩戒措施，例如签订“合约”的方式。

对于缺乏自主性和勤奋精神的孩子，我们最好多多督促。比如每天督促孩子完成作业，同老师保持密切的联系，与其探讨根据孩子的情况如何进行督促等等。

坏习惯4. 孩子忽视预习的坏习惯

拿破仑曾经深有感触地说，如果说我对什么事情总是应对自如的话，那么只是我早已经深思熟虑，成竹在胸了。预习不代表确切地预料，但是它会帮你看到事情的全局。

有这样一则故事。一家著名的国际贸易公司高薪招聘业务人员，应征者络绎不绝。在众多的应聘者当中，有一位年轻的应聘者条件最好，毕业于名牌大学，又有在市外贸公司工作3年的经验，因此当他坐在主考官面前时非常自信。“你在外贸公司具体做什么？”主考官开始发问。“做山野菜。”“哦，做山野菜。那么你说说，对业务人员来说，是产地重要，还是客户重要？”年轻人想了想，说：“客户重要。”主考官看了看他，又问：“你做山野菜应该知道，山野菜中，蕨菜主要出口日本，以前销路非常好，有多少收多少。可是最近几年，国外客商却不要了，你说说为什么？”

“因为菜不好。”

“那你说说，为什么不好？”

“这……”，年轻人停顿了一下，“因为质量不好。”

主考官看了看他，说：“我敢断定，你没有去过产地。”

年轻人看着主考官，沉默了30秒钟，没有说是，也没有说不是，却反问：“你说说怎么能看出我没有去过？”

“如果你去过，就应该知道为什么菜不好。采集蕨菜的最佳时间只有

10天左右，这期间的蕨菜鲜嫩好吃，晚了就老了。采好后，要摊开放在地里晾晒一天，第二天翻个个儿，再晾晒一天，把水分蒸发干，然后再成把捆好，装箱。等食用时放在凉水中浸泡一下就可以了。可是当地农民为了多采多卖，把蕨菜采到家，来不及放在地上晾晒，而是放在热炕上烘，这样只用两个小时就烘干了。这样加工处理的蕨菜，从外表上没什么两样，可是食用时，不管放在水里怎么泡，都像老树根一样，又老又硬，根本咬不动。国外客商发现后，对此提出警告，一次、两次，还是这样。结果人家干脆封杀，再也不从我国进口了。"

年轻人听了，不好意思低下头说："我是没有去过产地，所以不知道你说的这些事情。"

最终，年轻人没有得到这份工作。

其实，应聘的年轻人并不是没有为赢得机会做过准备，只不过没有找对着力点就是了。其实，许多时候我们都不知道下一步要发生什么，但是至少做好这一刻，行动之前的深思熟虑胜过事后的总结与懊悔。为什么不在力所能及的时候多为事情的发展做些准备呢?

常常抱怨"预习"的孩子大概有以下几种理由：第一，没有时间。认为每天上课与写作业的时间就已经让人疲惫不堪了，预习更是一种负担。复习和作业还对付不了，又怎么可能做预习？看似有理！第二，认为预习的意义并没有老师所讲的那样大。因为，预习进行与否并不会对写作业、考试造成多大的直观影响。可爱的孩子们往往喜欢把现象当成本质，对待这个问题也不例外。第三，不会预习。因为在他们看来，预习只是读书而已。反正课上还是要讲的，不管课上读书还是课下读书其效果都是一样的。

实际上，与老师的课堂授课相比，预习是一件很有创造力的事情，当然并不是说课堂授课是缺乏创造力的。但是，几乎所有的课堂授课都是群体的，而预习，对你的孩子来说就是个人的事情了。在没有老师介入的情况下，学生的脑子对有待学习的知识往往会有自己的看法，因为很多时候，自己的想法和教师的授课内容是两回事情。例如学习鲁迅先生的文章，老师的讲授会让孩子们对作品的结构、思想内容有更深的理解，然而像写作背景、整体感觉等等在预习的时候都可以有所把握。背景资料这些丰富而具体化的东西，无疑会对课文的整体把握起到积极作用。而对文章的整体感悟，单纯依靠课堂讲授是远远不够的。

想想看，在预习的时候其实需要做的事情很多，而且也十分有意思。一篇文章、一个人物、一位作家……

如果仅仅局限于老师的几句简短介绍，让手边的相关书籍和电脑赋闲，那么预习当然就像有些孩子所说的“只是读一遍书那么简单”。但是事实上并不是所有的东西都需要预习，孩子的精力必竟有限，因此，帮助孩子找到他的着力点，有兴趣、薄弱或者复杂的内容比较适合于预习，因为前者是孩子喜欢的，而对后两者来说预习则是必要的。

坏习惯5. 孩子忽视做作业的坏习惯

我们都知道生活中最伟大的规则之一是：你自己付出的越多，得到的回报也就越多。可是，我们真的都在付诸实施吗？

两个同龄的年轻人同时受雇于一家店铺，并且拿同样的薪水。名叫阿成的小伙子青云直上，颇得老板的青睐；而那个叫阿明的小伙子却始终原地踏步，事业上没有什么起色。阿明对老板的不公正对待已经受够了，他觉得没有必要再忍耐下去了，于是有一天他跑到老板那里去发牢骚。老板耐心地听完他的抱怨，不动声色地说："你现在到离我们铺子最近的集市去，看看第一个摊子在卖什么。"阿明马上以最快的速度冲到集市去。"土豆。"忠实的伙计阿明气喘吁吁地跑回来向老板汇报。"那么那些土豆有多少斤呢？"老板问。伙计阿明搔搔脑袋，第二次向集市跑去。"200斤左右的样子。"阿明老实地回答老板。"多少钱一斤呢？"阿明又说不出话来。"那就麻烦你再跑一趟好了。"老板显然已经有点不耐烦了。于是阿明第三次跑到集市上问了土豆的价钱回来汇报。老板发话了："现在你坐在一边看看吧！"阿成被叫到老板面前，听到老板交代的任务（也就是阿明的第一个任务），他也很快跑到集市上去了。不久，伙计阿成就站在老板的面前汇报工作了。他说："第一个摊子是卖土豆的，看样子有200斤左右，3毛钱一斤，比集市上其他摊位的土豆都便宜，而且货色也不差。因为卖土豆的人自己种菜，不是贩运来的，所以价格便宜。"老板满意地看着他，伙计阿成又说："我们的铺子里也该进土豆了。那个菜农看我有大量购买的意思，答应每斤再便宜5分钱。我觉得这个价钱比我们每次进货的价格都便宜，很合算，所以我就自作主张把他带来了。机会难得，这里有他的土豆的样品，菜农现在就在咱们的铺子外面。”

临去看货之前，老板看了一眼呆坐在一旁的阿明说：“看看吧，这就是你们的差别。”这下，伙计阿明终于明白了。

伙计阿成的精明恰恰在于他做事的一板一眼，自觉主动。与同样勤奋肯干的阿明相比，伙计阿成更多了一份可贵的自觉与主动。有这一点主动和缺乏这一点的意义就大不一样了。因为听从并完成命令谁都可以来做，但是质量是大不相同的。

你可能会说，不当被动的做作业者，这又如何可能呢？作业可都是老师统一留给孩子们的，任你怎么主动，还拗得过这个事实吗？再说，老师布置的任务做学生的去完成不是天经地义的事情吗？你的理解一丁点都不错。

没错，不完成作业，作为一个学生来说是说不过去的。因为做作业是对当天或者一个阶段性学习的总结和巩固，是学习过程之中十分关键的一个环节，它对新旧知识的衔接作用是学习的其他环节和方式很难替代的。因此，忽视做作业，往往也就不容易巩固所学，对新知识的学习势必造成不良影响。不能说每一个忽视做作业的学生都是成绩较差的学生，但是有一点可以明确，就是忽视做作业的学生，成绩往往都不尽如人意；而每一个成绩较好的学生，都很难会不重视自己的每一次做作业。听起来是不是有点像绕口令？但是事实就是如此的。

但是为什么有些在我们看来很乖的孩子——按时按点完成作业的孩子依旧是成绩平平呢？这种情况的成因是多方面的，也许是兴趣，也许是学习方法等等，单就做作业这一环节而言，我们常常遗憾地看到：孩子往往把精力放在“完成”两个字上。老师布置的作业是一定要完成的，这点很好，因为这充分表明了孩子的责任心。但是，有没有想过完成与完成之间的差别呢？就像伙计阿明与阿成的那种差别呢？

下面是关于如何让孩子重视做作业对家长的几点建议：

1．帮孩子安排合理的作息

如果你的孩子喜欢在做作业时“磨洋工”，那么你最好帮他（她）制定一份合理的作息计划。

2．标出每次的时间消耗

让孩子树立起时间意识，每次做作业尽量计时完成，将时间用铅笔标记在作业本空页上。这样，往往会提高孩子的做作业效率。

3．“轻描淡写”与“浓墨重彩”

告诉孩子，尤其是面临中考、高考的孩子，要对付的试卷太多了。不要每一个题都那么一板一眼，一字不差。完全可以对自己驾轻就熟的题目轻描淡写，只写出解题思路即可。而对自己的薄弱环节或者在较难的问题多下工夫，浓墨重彩。

4．不要在孩子做作业时去打扰他

要给孩子足够的空间和时间，让它独自完成作业。

坏习惯6．孩子忽视复习的坏习惯

在某种意义上说，善于复习的人也是善于总结的人。“种瓜得瓜，种豆得豆”，生活总是不会亏负有心人的！

《童年》中有这么一段歌词：“总是要等到睡觉前，才知道功课只做了一点点；总是要等到考试以后，才知道该念的书都没有念。”这正是许多学生的生动写照，而这种坏习惯，不知误了多少学生的青春光阴。

国王理查三世准备要拼死一战了。里奇蒙德伯爵亨利带领的军队正迎面扑来，这场战斗将要决定由谁来统治英国。战斗进行的当天早上，理查派了一个马夫去准备好自己最喜欢的一匹战马。“快点给它钉上马掌，”马夫对铁匠说，“国王希望骑着它打头阵。”“你得等等，”铁匠回答说：“我前几天给国王全军的马都钉了掌，现在让我找点铁片来。”

“我等不及了，”马夫不耐烦地叫道，“国王的敌人正在推进，我们必须在战场上迎击敌人，有什么你就用什么吧！”铁匠埋头干活，从一根铁条上弄下四个马掌，把它们砸平、整形，固定在马蹄上，然后开始钉钉子。钉了三个掌后，他发现没有钉子来钉第四个掌了。“我需要钉子，”他说，“得用点时间砸出两个来。”“我告诉过你等不及了，”马夫急切地说，“我听见军号了，你能不能凑合？”“我能把马掌钉上，但是不能像其他几个那么结实牢固。”“能不能挂住？”马夫问。“应该能，”铁匠回答说，“但是我没有把握。”“好吧，就这样，”马夫叫道，“快点，要不国王会怪罪到我们头上的！”

两军上阵交锋，理查王冲锋陷阵，鞭策士兵迎战敌人。“冲啊，冲啊！”他喊着，率领部队冲向敌人的阵营。他还没走到一半，一只马掌掉了，战马跌翻在地，理查也被掀在地上。国王还没来得及抓到缰绳，惊恐的畜生就跳起来逃走了。理查环顾四周，自己的士兵们纷纷溃败，敌人的军队包围了上来。他在空中挥舞宝剑，“马！”他喊道，“一匹马，我的国家倾覆就因为这一匹马！”

他没有马骑了，他的军队已经分崩离析了，士兵们自顾不暇。不一会儿，敌人俘虏了理查王，战斗结束了。

从那时起，人们就说：

少了一个铁钉，丢了一只马掌，

少了一只马掌，丢了一匹战马，

少了一匹战马，败了一场战役，

败了一场战役，失了一个国家。

所有的损失都只是因为少了一个马掌钉。

国王的故事非常悲壮，因为那正应了我们的一句古话：“祸患常积于忽微”。这个故事让我们看到的是一件忽微小事“多米诺骨牌”一样地扩散着它的影响，最终酿成大祸的过程。是的，这和我们要谈到的“忽视复习”有什么关系呢？的确，不能用什么充分的理由把两件事情强拉硬扯到一起去，可是整件事情的关键就在于，如果马夫是个有心人，能够时常对马匹的情况进行检查，那么也就不会当冲锋在即之时才去钉马掌了，虽然不能把整场战争的失败全都归咎于这个糊涂的家伙，但是他的不经意却决定了整件事情的成败。

而孩子们这样输掉的“战争”恐怕也不在少数，不是吗？想象一下，在一场数学考试的时候，他很清楚这道题的解题思路，但是公式或者证明定理在脑子里七上八下，不能确定，那么等待他的只有遗憾了。

对如何纠正孩子忽视复习的坏习惯向家长提出以下几点建议：

1. 帮助他制定复习计划

不代表你要全程督促（当然如果你有这个精力是很好的），但须要求孩子把计划书面化，以便促进实施。

2. 帮助检验结果

帮他进行一些力所能及的检测，如生字、单词听写之类的事情。

3. 适当控制娱乐活动

不是指剥夺孩子的娱乐权，阻止孩子从事自己喜欢的活动。但是，对于网络和电视，家长最好能和孩子达成一定的协议，比如每天收看一小时电视等。

4. 言传身教

如果用你自己的经验告诉孩子一些比较有效的方法就更好了，还可以和孩子协商，根据他（她）的实际情况改进这些方法。

坏习惯7. 孩子厌学的坏习惯

孩子厌学并不可怕，关键是父母要掌握正确的引导方法。只要方法得当，变孩子厌学为爱学、乐学是完全可能的。

王志敬今年10岁了，才上小学二年级。并不是因为他头脑笨，而是因为他经常逃学，功课完成不了，成绩一塌糊涂，父母无奈，只好让他留级。因为王志敬厌学，父母苦恼不已，不知该怎么办才好。

的确，有相当一部分中小学生都不同程度地存在着厌学情绪。从心理卫生的角度讲，厌学是腐蚀学生心灵的蛀虫。一个学生如果长期缺乏学习热情，没完没了地感到精神疲倦，最终会使他对一切学习活动兴趣索然，从而出现逃学或者其他一些问题。

中小学阶段正是学习的黄金时期，为什么有的学生会出现厌学情绪呢？这需要从外部和内在两个方面来分析。

1. 外部的原因

其一，学习活动的重复、单调和乏味。心理学研究表明，单调、重复、乏味的刺激易引起人们的疲劳和厌烦感。没有生机、缺乏灵活和变通的学习生活，某些学校片面追求升学率以及某些教师的教学无方，常导致此种情况的产生。

其二，受社会上不良风气的影响。不求进取、读不读书无所谓的不健康思想还在腐蚀着部分中学生和他们的家长。这与提高全民受教育水平，提高国民素质的时代要求是不相吻合的，必须坚决予以摒弃。

2. 内在的原因

厌学情绪最主要是由内在原因引起的。这些内在原因有：

其一，缺乏求知欲望。如果一个人时时刻刻对知识有所期待、有所希望、有所追求的话，他就会常常处于精神振奋的状态，对学习就不至于有厌烦情绪。在知识的餐桌面前，求学心切的人，总是如饥似渴，百吃不厌。反之，对学习无所期待、无所追求的人，才会把学习当做负担。

其二，缺乏动力。自以为上大学无望，混张初中毕业证或者高中毕业证就行了。这样的学生在学习上明显缺乏动力，满足于“做一天和尚撞一天钟”。所以，无论学什么都无精打采，难以激发兴趣。

其三，学习方法欠妥。由于学习方法不当，虽刻苦学习，却收效甚微。比如，不注意用脑卫生，学习上长期“单打一”，缺乏理解基础上的记忆（死记硬背）等等，自然不会感觉到学习的乐趣。

其四，学习上缺乏成就感。大凡厌学的同学，学习成绩都不理想，每次学习结果所得到的反馈都是消极的。长期得不到嘉奖或同学、老师、家长的肯定与赞赏，就会产生厌学情绪。

由于每个孩子产生厌学情绪的客观原因和主观原因不尽相同，所以家长对矫正孩子厌学的对策也不能完全一样。

如何矫正孩子的厌学情绪呢?

首先，要针对孩子厌学的具体原因加以分析，采取具体的对策。比如，有的孩子厌学主要是家庭气氛不和，家庭环境不良，家长行为存在严重问题等。父母就应从孩子的前途出发，改正自己的不良行为，改善家庭的不良环境和家庭气氛，给孩子温暖和理解，渐渐改变孩子的厌学状况，解决孩子的厌学问题。

其次，从一般原则来讲，只要培养孩子良好的学习动机和科学的学习方法，就能从根本上解决孩子的厌学问题。

有些孩子厌学是认为学习是苦差事，很没劲。要解决这些孩子的学习动机问题，家长对待孩子的学习要有正确的看法和评价，要用具体的实例说明学习是为了自己的前途，为了自己将来能为社会做贡献。要向孩子说清楚，一寸光阴一寸金，寸金难买寸光阴；少壮不努力，老大徒伤悲。要把这些道理讲细、讲透、讲清，对孩子树立正确的学习动机会有帮助。

培养孩子的学习兴趣是解决孩子厌学的重要方法。家长要引导孩子从自己爱学的科目入手，强化孩子的学习兴趣。

不少厌学的孩子学习方法不对头，他们既没有适合自己的学习方法，也不主动学习别的同学的好的学习方法，因此在题海面前束手无策，产生厌学的情绪。各门课的学习方法不同，家长应帮助孩子从具体的学习内容中找出适合自己的学习方法。孩子有了正确的方法，效率就会提高，也会培养起学习兴趣来。

坏习惯8. 孩子容易走神的坏习惯

专心是学好知识的前提，但专心致志的习惯是要通过训练才能形成的。因此，父母应对孩子从小进行专心习惯的培养。

吕火明念初中三年级，他学习用功，但成绩却总是在中上游徘徊。面临升高中的压力，学校开设的课程较多，他的学习压力非常大，经常想万一考不上高中怎么办，外语单词也记不住，上课时老是走神，学习成绩也下降不少，有时真不想上学了。他的爸爸见他反应迟钝，精力不足，又听老师说他上课老是走神，真不知该如何办才好。

不少孩子上课走神主要是由于对学习的心理疲劳引起的。孩子承担过重的学习负担，心理压力很大，长此以往，产生了对学习的心理疲劳。孩子注意力分散，记忆力下降，反应迟钝，精力不足，甚至产生厌烦学习的情绪，在这种心态下，孩子上课常走神，自然影响学习效果。对待由于学习心理疲劳引起的注意力不集中，要帮助孩子减轻心理压力，学会自我心理调适。课程重容易产生心理压力，容易引起心理负担。但是在相同的学习课程的压力下，有些孩子产生心理疲劳，有些孩子仍然精力充沛，注意力集中，心态非常好。每个孩子抗心理压力的水平及其对策不同，所以造成在同样的学习负担下有的孩子适应，有的孩子勉强适应，有的孩子就适应不了。承受不了过重的学习负担，这种孩子的心理承受力就差。对这样的孩子家长要教会他们正确对待课程负担，教会孩子不要把考试的名次看得太重，不要顾虑太多，不要过多地去想学习名次下降会引起老师、同学、家长的什么评价，尽量地放松自己，不要给自己增加心理压力。给孩子说明白，学习名次下降只要自己正确对待就可以了，不要顾忌别人如何看，多想那些事情就等于既增加了心理负担，又增加了心理压力，造成恶性循环，就会引起上课注意力分散，影响学习成绩。

有些孩子在繁重的学习压力下，在题海战术中能自己调节自己，自己控制自己。尽管他们也很累很苦，但是他们还是能适应过重的学习负担带来的压力，他们通过自我调节，放松自己，这样，他们就能在课堂上集中注意力。而有些孩子在相同的课程压力下感到苦不堪言，缺乏自我调节能力，缺乏自我适应能力。所以，家长应帮助孩子学会自我心理调节，学会信心提高法，学会情绪调节法，学会身心放松法，这样对孩子缓解与克服上课走神的问题很有帮助。

下面是一些帮助孩子提高注意力的方法：

1．培养孩子良好的注意品质

注意是人的一种心理状态，是对各种心理行为进行的调节。所以，家长培养孩子良好的注意品质，对未来孩子的学习、工作将发生深远的影响。

人的注意品质不是生来就有的，是在后天的生活实践中形成的，因此家长要重视培养孩子的注意品质，使孩子成为注意力发展的主人，使孩子能驾驭自己的注意力。中小学时期是孩子注意力发展的重要阶段，所以家长应了解孩子的注意品质情况，有针对性地帮助孩子提高注意力。这是解决孩子上课走神的基本途径。

2．注意力训练

孩子的注意品质是在学习生活实践中渐渐发展和在生活实践中逐步形成的。某些心理测验的方法有助于训练孩子的注意能力。比如划字测验就是一种有助于及时测定孩子注意的分配、注意的集中与转移能力的方法，常常使用此训练有助于提高孩子的注意能力。

下面是一张数字字表，共有20行，每行30个阿拉伯数字，即注意测验表。要求受试者在一分钟之内将8字后边的5字划掉。注意：只能按照从左到右的方向一行一行地做，不能跳着划。

计算方法：根据划对的、划错的与漏划的3个数据评定成绩。全部划对的数字之和为粗分，划错的加上漏划的为失误，粗分减去失误为净分，即净分=粗分－（划错个数＋漏划个数）。

注意测验：将8字后面的5字划去

296584318527964327438537214274

543854762852984585321748547643

696465853985296484792745678531

598524371847585439265985273419

467431854825695864827946748529

943958248526854768852147857984

384852196428527348529469385217

296427382569838526743139267385

864375852858964327853926846852

278536847926548584586921743891

876459852736842985367852179853

765478573129846576838281285431

139685472631852431845679265374

968537825217965853174296485396

843128586485844852185796894321

748984658396853964851769942196

97438529578458962716853496732l

372458548581592185798435218527

496785346279648559845846319654

643158852678541785196458531942

经常在做作业休息时间做这种测试，有助于培养孩子的注意能力。它花的时间极少，又能起到对学习调节的作用，同时能达到提高孩子注意力的目的。

坏习惯9. 孩子定势思维的坏习惯

孙行者头上的金箍圈箍住了他天马行空的恣意，他只能按唐僧呆板、迂腐的想法办事。学习中的定势思维也是一个金箍圈，控制了人们自由的、充满灵性的思索。

语文课本里有这样一道题：雪化了，是什么？大多数学生都回答是“水”，老师给予了肯定。而其中有一个学生回答的是“春天”，却被老师狠狠地批评了一顿，老师的理由是：雪融化了，理所当然变成了水，怎么会是春天？简直不可思议！

对此，我们只能说，学生可悲，老师可悲，教育可悲。长期以来形成的思维定势让很多学生、老师陷入了学习的围城，思想变得僵化、死板。“雪化了，是春天”，多么富有诗意、富有哲理、富有感情的回答呀！它充分体现了那位学生灵活的思维、丰富的想象力。而那位老师的头脑里则装满了陈旧的固定模式，而且已经形成了一种可怕的定势思维的习惯。

人们常常按照一种常规性思维模式思考问题，久而久之就形成了一种难以阻遏的惯性，它对人们的思维活动产生着严重的影响。孩子正处在身体、心智发展成长的时期，如果一旦养成定势思维的不良习惯，就会对孩子的思考能力的发展、智力水平的提高产生巨大的阻力，限制了孩子的想象空间。这对孩子的学业进步、身心健康有百害而无一利。

有这样一个故事。两个小男孩，长得一模一样，出生年月日、家庭电话、家长姓名完全一样，第一次见到他们的人都认为两个孩子是双胞胎，但两个孩子却说不是。众人颇感疑惑。实际上，他们不是双胞胎，而是三胞胎中的两个。大多数人就是犯了定势思维的错误。在很多人心目中，“梯形”的概念就是上短下长的那样一种图形，而很少想到上长下短也是梯形，这同样也是定势思维的反映。我们在思考问题时，如果能换一个方向，多几种可能，打开思路，发挥联想和想象，也许就会有不一样的答案。

一次作文立意训练课上，老师要求用“班门弄斧”立意作文。很多学生的立意十分有创意。有的学生说“弄斧”就是要敢于到“班门”，不要屈从于权威，不要迷信权威，要敢于向权威挑战；有的学生认为人各有所长，要发挥各自的优点，克服缺点，所以，“班门”之前应该舞剑，或者绘画，或者弹琴……这些想法可谓新颖、独到、别致而且颇有深度。这些想法已经改变了传统俗套的思路，突破了思维局限，克服了定势思维的习惯。

克服定势思维，努力创新，是当今素质教育的核心。知识是一片汪洋大海，尽情“刻舟求剑”的方法不但不能在知识的海洋里遨游，而且还有被淹没的危险。面对浩瀚的知识海洋，只有给思维插上一双飞翔的翅膀，才能顺利到达成功的彼岸。

著名心理学家克尔福特指出：人的创造力主要依靠发散性思维，它是克服定势思维的有效手段。要培养发散性思维的能力，就必须注意想象力的有效训练。

爱因斯坦说：“想象力比知识更重要。”麦克斯韦从蝙蝠联想到电磁波，莱特兄弟根据飞鸟的原理造出了飞机，牛顿从苹果落地悟出了万有引力……想象和联想创造了奇迹，开创了科学新天地。

有一位老师是这样训练孩子的想象力的。她在黑板上画一个标准的圆圈，让学生说一说它代表什么。于是，同学们充分发挥各自的想象力，得出了很多令人拍案叫绝的答案：像儿时玩的铁环，充满了童趣；像天上的月亮，代表了团圆；像足球，装满了亿万球迷的梦想；像奶奶的蒲扇，是思念的象征……开阔的思路，奇妙的想象，在这些回答中完全看不到定势思维的影子。

古人说：流水不腐，户枢不蠹。想象力就像一道轻灵自由的流水，洗尽头脑里所有滞重的思路，带走思维中一切僵化的模式。学习应当像欣赏一首优美的乐曲，时而高亢，时而低徊；时而飘逸，时而肃穆。知识就如一个个灵气四溢的音符飞进我们的耳朵，飞进我们的心灵。这样的学习才够赏心悦目。

对家长提出以下几点建议：

1. 让孩子走进自然，接触社会，增加见识，寻找灵感

现在的孩子生活面并不宽，见识较少，再加上传统的定势思维习惯的影响，思维水平自然受到了许多限制。家长要利用一切有利时机让孩子走出家门，走入社会，到公园、博物馆、动物园、科技中心等地，了解社会生活，接触更多的人，开阔眼界，增加知识积累，扩大思维范围。孩子一旦具备了一定的见识，他思考问题的方向就会灵活得多，就不会被旧思维、老办法限制。写河流，就到河岸上走一走，看看鱼虾飞鸟、山花野草，收集关于河流的传说、神话、历史等，激发写作灵感，增加知识，扩大思维的范围。

2. 营造宽松、自由的创新氛围

克服定势思维，其实就是打破传统，创新求变。创新思维只有在自由、宽松的环境中才能孕育、诞生。家长不要给孩子过多的限制和压力，应留给他们足够的自由思考的空间和放松的心情，以便能深刻、全面地掌握知识，提高学习成绩。

3. 从不同角度看待问题，同中求异

我们常常发现，对于同一个问题，不同的孩子的回答却是千篇一律，缺乏新意。家长在这一点上应该给孩子适当帮助，引导他们从不同角度、不同方向思考问题，鼓励其发表个人意见；提倡一题多解，同中求异。"龟兔赛跑"中兔子一直是被批判的角色，乌龟一直是人们赞扬的对象、学习的榜样。如果从另一角度看这个故事，就会有不一样的答案：乌龟虽胜，但呆笨的办法不可取；兔子虽败，但偶尔的失误不能掩盖其远超乌龟的奔跑能力。

坏习惯10. 孩子不爱动脑的坏习惯

思考是学习知识必不可少的重要一环，父母要从小训练孩子思考的习惯，这样才能使他们在学习中日有所得。

学习有两种类型：一种是不经过思考的学习，一种是经过深思熟虑的学习。我们可能有这种体验，没经过思考的东西，即使学了，也会很快忘得一干二净。学习理解了，加上自己思考后的东西记得最牢，往往会一生受用无穷。这就是“学而不思则罔，思而不学则殆”的道理。

李宗宝每次做家庭作业时都要妈妈帮忙，妈妈几乎每次都说他：“你已经是四年级学生了，做作业时要先自己动脑去想，实在想不出再来问我。”可李宗宝总是缠着妈妈，在妈妈的帮助下才能完成作业。对此，妈妈很无奈，不知该怎样纠正儿子这个毛病。

而孩子们现行的学习方式，无论在学校，还是在家里，主要是第一种，也就是不经过自己思考的学习，原因当然有教育本身的问题，也有学生自己的问题。在孩子所接受的学习和教育中，有些知识根本不需要思考或者根本不容许孩子去思考，家长和老师们往往只关注学生记住了多少内容，考了多少分，而不注意留心孩子是不是融入了自己的思考，久而久之，孩子也就懒得去思考。如果这种倾向不能得到扭转，那么这一代孩子仍然是缺乏创造力的。

在信息社会的今天，当书本、报刊、广播、电视、电脑上各种信息滚滚而来的时候，缺乏思考和判断力的孩子们，怎样取得“去伪存真、弃粗取精”的进步？这是每一位家长和老师不得不考虑的问题。

学会思考，是人的一生中最有价值的本钱。培养独立思考和独立判断的能力，应当始终放在教育孩子的首位，而不应当把获得知识放在首位。

培养孩子思考的习惯和能力，需要循序渐进，持之以恒。下面就是培养孩子思考能力的具体方法：

1．培养孩子观察的习惯

2．认真回答孩子思考中提出的问题

有些孩子爱琢磨事情，随后会提出一些问题。对孩子提出的问题，别以无聊或荒诞来定论，而应该认真加以对待。

3．开发孩子的大脑

人的大脑是智慧的发源地，充分开发孩子大脑的功能，会使他更加喜欢思考。左手和右手的协调对开发人的大脑非常有好处，可以让孩子练习打字、弹琴、编织毛线等。

4．常常让孩子领悟到事物的相对性

绝对的东西一般不需要思考，也不容易引起思考的兴趣。在遇到外国人的时候，家长可以问孩子：“在我们的眼中，对方是外国人，在外国人的眼中，我们是不是外国人呢？”还可以让孩子领悟到前后、左右、上下等都只是相对的意义。

5．常常让孩子领悟到事物的可变性

孩子们知道大熊猫喜欢吃箭竹，父母可以告诉他，远古时代，大熊猫的祖先是食肉动物；孩子见到毛毛虫，会又害怕又厌恶，父母可以告诉他，美丽的蝴蝶就是丑陋的毛毛虫变的。这样不断地给孩子指出同一件事物在不同时间、地点发生的变异，孩子的视野就会开阔起来。

6．进行科学启蒙

家长要经常给孩子讲一些科学知识和科学家的故事，点燃孩子智慧的火种，使孩子学会用科学的清晰的思路来观察、思考世界。

坏习惯11. 孩子不爱阅读的坏习惯

读书是优秀学生的共同爱好。要使孩子爱读书，父母应创造一个书香浓郁的家庭环境，在这样的环境中，孩子自然会养成爱读书的好习惯。

王芳快小学毕业了。她在学校成绩中上等，但口头表达能力较强，非常惹人喜爱，亲朋好友都夸她聪明。可是王芳的父母却心存忧虑，因为王芳喜欢和电视相伴，平时从不读书；还说读书不如看电视，看电视也可以长知识。王芳的爸爸妈妈担心长此以往，孩子清晰表达思想的能力得不到开发和培养。

王芳的爸爸妈妈对孩子的担心是有道理的。

作家赵丽宏在其散文《永远不要做野蛮人》中不无忧虑地写道："我曾经担心，现在的孩子课外阅读的范围越来越窄，能用于课外阅读的时间也越来越少，很多人已经丧失了阅读文学名著的兴趣和欲望，而与课程和考试无关的书，他们更是难有机会涉猎。这是一个令人担忧，也多少使人感到悲哀的现象。"实际上，伴随着电子产品（尤其是网络）长大的孩子，他们不但阅读时间和阅读范围日益减少，而且他们的阅读兴趣也随着"读图时代"的来临而减弱，许多孩子甚至养成了排斥文字的坏习惯。他们的课余时间被影（音）像、电子游戏和卡通占据着，文字在他们的阅读中只是一种点缀。

这是高科技所带来的一种普遍现象，人们对文字的冷漠已随处可见。

据盖洛普公司调查显示：1999年只有7%的美国人每周阅读一本或一本以上的书。59%的被采访者声称，他们读书是偶尔发生的事情。美国生物学家佩莱格里尼针对这一现象解释说："电脑加上电影、录像带和电视等其他非文字主流传媒，使人们毋须阅读便能获取大量信息，是它们加快了人们阅读技能的萎缩速度。"

很多教育专家呼吁："孩子对文字的冷漠态度就像一种隐形液体，正慢慢渗透到社会之中。当逃避阅读成为习惯，孩子的阅读能力便迅速退化，从而直接影响他们的成长。"

中国青年报在2001年8月6日刊登的一篇题目为《网络与影视横行的年代，你冷淡了文字吗？》的文章提到："只要留心，人们就会发现，如今两三岁的孩子简直都是'古怪精灵'，一张小嘴表达能力特强。教育学家认为，这是电视大量信息对儿童刺激的结果，电视使他们的语言能力得到开发。但奇怪的是，这些孩子长到十几岁时却大多归于平庸，读写能力尤差，比如前段时间传出的某次全国性考试，有学生面对考题无话可写，竟引用《大话西游》里的台词！教育学家认为，清晰表达思想的能力，必须通过大量的阅读才能获得，而电视无法培养人们的这种能力。在与电视'依存'的日子里，人们养成了一种远离书籍的坏习惯，就像与一位朋友在一起待久了，他的坏毛病会传染你一样。"

父母如何才能帮助孩子纠正不喜欢阅读文字的坏习惯呢？教育专家建议如下：

1. 关掉电视，去阅读伟大的著作，它会开启孩子的智慧之门

种种迹象表明，电视是让孩子们冷落文字的罪魁。据一些美国学者的调查显示，如今一个20岁左右的人，至少已经花了2万小时看电视。可见，电视已经疯狂掠夺了孩子们宝贵的阅读时间。电视总是扮演着这样一种角色：企图主宰人们的思想，人们有意无意就被它牵着鼻子走。它虽然给了人们感官上的愉悦，却无情地消耗了人们宝贵的时间。

2．和孩子一起阅读，让孩子养成阅读文字的好习惯

英国文学史上颇具传奇色彩的勃朗特三姐妹，她们之所以能写出蜚声世界的经典文学巨著，这与她们小时候的阅读习惯密不可分。她们的父母常常陪她们阅读，消遣漫长的冬夜。她们围坐在熊熊的炉火前，共同阅读优美、抒情的文字。春暖花开的时候，她们经常聚集在野外，朗诵自己或别人的诗作。文学的种子自此就深埋在她们的心底。这正是她们能写出《简·爱》和《呼啸山庄》的源泉。

3．让孩子们在阅读文字的过程中感受到文字的非凡魅力

因特网虽然模糊了时空的界限，让我们的生活更加便捷，但是，对文字的疏远，必然会让我们失去欣赏文字所蕴藏着的深沉的魅力的机会。电子产品和书籍的最大不同在于：电子阅读物缺少了一种富有质感的触摸感，只有纸质阅读物独具一种令人倍感踏实的亲和力。当你静心阅读，以平和的心态在字里行间徜徉，你就能发现你已经不知不觉走进了一片迷人的宫殿，那里面的奇幻，会使你流连忘返。

4．和孩子一起制定阅读计划，指导孩子阅读经典

孩子的阅读习惯应从识字开始，随着孩子识字能力的提高，家长就需要有意识地指导孩子阅读，在全面了解孩子的阅读兴趣的基础上，和孩子一起制定阅读计划。古今中外的文学经典，自然是孩子阅读的首选。让孩子们的心灵与大师们交流、碰撞，让他们深切地感受到文字里所蕴藏着的瑰宝。

坏习惯12. 孩子低效率学习的坏习惯

学习效率不高大多因学习方法不当。父母要矫正孩子学习效率不高的缺点，应该从学习方法上给孩子多加指导，只给孩子压力是不行的。

李爱华是沈阳某中学的高三学生，她学习的刻苦用功劲儿，全班没有谁能和她相比，大家给她取了个“学习机器”的外号。她在课堂上认真听讲，课后认真完成作业自不必说，据和她同宿舍的女生说，她几乎不会放过任何看书的时间，包括吃饭、走路、上厕所等，甚至说梦话也在背英语单词。班主任每每训斥那些不认真学习的学生时，总会拿她当训导的武器：“你要是有李爱华同学十分之一的学习劲头，我保证你能考上清华大学。”谁只要看一眼她鼻梁上的那副像酒瓶底儿一样的眼镜，立即就会明白“书虫”是个什么样子了。然而，她的学习成绩却很一般。所以，许多同学私下里嘲讽她说：“我要是学得像她那样昏天黑地，活着还有什么意思，还不如一头撞死算了。”后来，她高考考了三年，才勉强考上了当地的一所师专。

李爱华同学的症结就在于学习效率不高，虽然功夫下得很多，但结果却是事倍功半。这样的问题在许多孩子身上都或多或少存在着。面对这样的孩子，很多家长非常为难，不知道该如何办才好。孩子已经很用功了，再抱怨孩子于心不忍。而孩子自己，肯定比谁都更着急。通常而言，学习成绩最好的学生往往不是那些学习最用功的学生，而是那些摸索出了一套最佳的学习方法、学习效率高的学生。

父母怎样才能帮助孩子提高学习效率呢？教育专家提出了以下建议，供家长们参考。

1. 不要让孩子一刻不停地扑在学习上

学习时间长并不等于效果好，要提高学习效率，就要了解孩子的学习心理规律，处理好学与玩的关系。我们常看到家长抱着望子成龙的心理，送孩子去上各种各样的学习班，孩子们几乎没有时间玩。这无疑是“强按着牛头让牛喝水”。实际上，过重的学习负担不仅不会提高孩子的学习成绩，反而会造成孩子的心理障碍，影响孩子的学习。

2. 正视孩子存在的学习能力障碍问题

很多孩子学习能力差，往往是因为他们本身存在着学习能力障碍问题。大多数家长并不完全了解孩子的实际情况，不知道采取科学的方法来排除这些障碍，反而更加限制孩子的娱乐时间，整天逼着孩子学习。往往促使孩子一看到书本就头疼，一提到学习就心虚气短，故意磨磨蹭蹭，甚至产生了厌学的不良情绪。别看孩子一天到晚坐在书桌前，实际上根本没有学进去。

3. 让孩子在玩耍、娱乐中学习

大多数家长一看到孩子在玩，就很不高兴。他们不但要孩子按时完成学校布置的作业，更希望孩子能自觉地多学习更多的东西。殊不知，爱玩是孩子的天性。据心理学家研究发现，在孩子心理发展的过程中，游戏是一个不可或缺的重要内容。孩子的语言能力、归纳概括能力和抽象思维能力等，在游戏中能够得到迅速提高。很多孩子虽然认字和算术能力不错，但由于缺乏充分的游戏训练，他们的自然常识和社会常识都比较少，从而缩小了他们的智力活动范围，他们的灵活性和自理能力都不会强。这些缺点在他们上学后就体现得更加明显。所以，家长不要一厢情愿地向孩子“灌”知识，把孩子变成被动接受知识的“机器”，而要根据孩子的心理发育规律，因势利导，因材施教，让孩子在游戏中愉快地学习，孩子的学习效率也就能自然而然地得到提高。

4．适当寻求他人的帮助

大多数取得成功的人都学会了在适当的时候寻求他人的帮助。家长如果自己辅导不了孩子，在必要时可请专门的家教，为孩子指点迷津。当然，在孩子学习的过程中，父母或者家教的帮助不应超出孩子需求的范围，否则会让孩子产生依赖心理。

5．教孩子学会发挥潜意识的作用

人类所获取的90%以上的信息都是通过潜意识来实现的。心理学家认为，人类的潜意识决定了人类的生活。所以，在孩子学习的过程中，教会他发挥潜意识的作用特别有益于提高学习效率。挖掘、激活潜意识的方法有这样几种：用视觉形式传递信息和要点；创造安全和谐的身体和心理环境；运动和身体接触；用音乐和声音；通过故事和隐喻与信息连接；深呼吸，进入放松状态。

6．让孩子从实践中学习

孩子在实践中获得的知识更能牢记在心，为应付考试而死记硬背下的信息，很快就会忘得一干二净。因为临时抱佛脚得来的知识，只是一种感性的知识，会暂时留在记忆中，随着时间的推移，会呈现一种先快后慢直至最终遗失的规律，而只有经过理性思考所得来的知识才有可能保持得更长久。

7．让孩子有意识地学习自己最薄弱的一面

让孩子明白，“金无足赤，人无完人”，直面自己的不足，加以克服，就能做到扬长避短，从而增加孩子成功的砝码。

坏习惯13. 孩子浪费时间的坏习惯

每个孩子都可能贪玩，要使孩子懂得珍惜时间，除了正确的教育方法以外，父母本身以身作则也十分重要。

王彦上初二了，学习成绩并不非常出色。妈妈认为她学习不好的原因是干什么事总是磨蹭，该急的时候也不急，起床浪费时间，写作业半小时能完成的，她能磨两个小时，妈妈为此说过王彦，要她珍惜时间。王彦总是“左耳进，右耳出”，妈妈为此很烦恼。

时间意味着什么？这些年来流行的说法是“时间就是金钱”。实际上，在时间和金钱之间，还有效率和财富。也就是说，争分夺秒——提高效率——创造更多的财富才是现代人的时间观念。时间比金钱还要珍贵，珍惜时间就是珍惜生命。

历史上许多伟人、名人视时间为生命，对时间无比珍惜，他们的成功是因为他们做出了超出常人的努力。时间对每个人都是平等的，谁有紧迫感，谁珍惜时间，谁勤奋，谁就可以得到时间老人的奖赏。这个道理并不深奥。父母是孩子的第一任老师，珍惜时间，父母要以身作则。如果父母本身就是一个勤快的人，生活节奏快而不乱，自然会影响孩子。反之，如果父母整日饱食终日，无所事事，孩子自会有意无意地效仿，久而久之，其危害可想而知。孩子只有意识到这种危害性之后，才能珍惜时间，那就要走一段弯路。

时间是悄无声息流逝的。在每一段时间里，孩子所做的事情并不都是有意义的，有些甚至是在浪费时间和生命。很多孩子不懂得珍惜时间与父母对孩子的行为习惯有很大关系。如有的孩子爱睡懒觉，每天早上父母一遍又一遍地叫，直耗到不起床上学就会迟到的时候，孩子才匆忙起来；父母还得给孩子穿衣服，收拾书包，叠被子。这样做不但不利于培养孩子的时间观念，也助长了孩子依赖父母的习惯。在处理这类问题上，不妨让孩子尝尝自己耽误时间的苦果，有些孩子也会从中吸取教训，以后会渐渐养成按时起床的习惯。当然采取这种以自然后果惩罚孩子的方法，父母要根据孩子的心理变化和实际承受能力把握时机，灵活运用。

帮助孩子养成珍惜时间的良好习惯，非一日之功，需要父母从以下几点做起：

1. 培养孩子良好的时间观念

养成良好的时间观念是一个人做事成功的基本前提，但并不意味着全部。尤其是对孩子而言，良好的行为习惯是多方面的。父母是孩子的第一任老师，在与孩子朝夕相处的岁月中，最了解也最熟悉自己的孩子，同时，父母有意无意间在孩子面前所表露出的一举一动，都对形成孩子的一些习惯性行为起着至关重要的作用。但由于一些父母的疏忽，总认为孩子还小，“树大自然直”，对孩子做事少闻少问，少导少管，对孩子正确的行为缺乏鼓励强化，错误的行为没有坚决制止住，久而久之，使问题变得愈为突出，好习惯没有养成，却养成了很多坏习惯。

2. 培养孩子的勤奋精神

时间，对于每一个人都是平等的，一天都是24小时。对待时间的态度不同，时间贡献的效益可就大相径庭了。鲁迅先生认为天才就是勤奋，他自己的成功，不过是把别人喝咖啡的时间“挤”出来用在了学习和工作上罢了。鲁迅先生对时间的比喻，道出了生命的真谛，一个“挤”字道出了生命的价值，生命的意义。若一辈子总是懒懒散散，无所作为，生命还有什么价值可言！若对时间没有“挤”的精神，想成就一番事业，岂不是懒汉做美梦——空想一场罢了。

3. 培养孩子善于抓紧时间

为了不浪费时间，一切生活与学习用品，摆放要有序，要有定规。若摆得杂乱无章，经常会为找东西浪费许多宝贵的时间。要从小养成今天的事情今天做完的习惯，督促孩子把应该做的功课按时完成，不要随意将任务推延。切忌“明日复明日，明日何其多”的拖拉作风。在养成按时完成任务这个好习惯的过程中，父母要耐心细致地说服、帮助，不可性急、焦躁，更不可采取粗暴强制的办法。在督促孩子完成他自己排定的任务时，要着眼于时间观念的培养，而不仅仅是应付差事。

坏习惯14. 孩子不能持之以恒的坏习惯

每个人都能登上人生的金字塔，无论是鹰还是蜗牛，问题是，在这个世界上，许多人都是蜗牛而不是鹰。那么作为蜗牛的我们，要想站在金字塔塔顶，最需要的品质就是持之以恒。

心理学家将一只跳蚤放进没有盖子的杯子内，结果跳蚤轻而易举地跳出了杯子。紧接着，心理学家用一块玻璃盖住杯子，于是，跳蚤每次往上跳时，都因撞到这块玻璃而跳不出去。过了一些时候，心理学家把这块玻璃拿掉，结果跳蚤再也不愿意跳了，自然也就没有离开杯子。

这个“跳蚤实验”给人很大的启示。其实，许多情况下孩子也和跳蚤一样有类似之处：当孩子经过一段时间的努力而没有达到预定目标时，便会灰心丧气，认为自己比不上别人，不是学习的“材料”，永远也达不到预定的学习目标，于是忽视自身潜能的激发和外界条件的改变，并放弃实现预定学习目标的努力。久而久之，将自己套在失败的阴影中爬不出来，以致最终一事无成，白白耗费一生。可以这样说，伟人之所以是伟人，就是能不屈不挠地实现自己的预定目标，即使遇到最大的困难也不放弃。

中国春秋时期的孟子有句名言：“故天将降大任于斯人也，必先苦其心志，劳其筋骨，饿其体肤，空乏其身，行拂乱其所为，所以动心忍性，增益其所不能。”

我们在家里烧开水，烧呀烧，直到99℃水也还不开，但若继续烧，只要再加1℃，水就会冒气冲盖，沸腾起来。可是你若在每次烧水时，中途停顿下来，让它冷却，那么就是重烧100次、1000次，这水也永远不会成为开水，不过是在燃料和时间上造成极大的浪费而已。

由此我们得到这样一条学习规律：学习任何一种科学文化知识都应像烧开水那样，不断加热，力争一次烧开。不然，即使你学若干次，也难以产生从未知到已知的质变，而时间将会无情地惩罚你，使你由一个少年变成皱纹满脸的老人。

有的学生说，我之所以不能在学习的时候做到持之以恒，是因为我天生对学习不感兴趣。其实，世上不存在天生爱学习和天生不爱学习的人。我们可以把学习比喻成一个吃核桃的过程，核桃的肉是美的，但如果不把坚硬的外壳打开是尝不到的。有的同学经过刻苦的学习，在学习上始终保持着一种拼劲儿，靠自己的意志和努力终于打开了核桃壳，尝到了核桃的美味，体验到了成功的乐趣，学习兴趣也就建立起来了。因此对学习的兴趣是苦尽甘来，要经过刻苦的付出才换来的。而那些对学习不感兴趣的同学，多还徘徊在“核桃壳”外面，由于在学习过程中缺乏持之以恒的毅力，没有付出足够的劳动，也就没有品尝到“核桃肉”的美味，也就体验不到学习成功的乐趣了。久而久之，失败的次数多了，学习自然成了令人头疼的事。没有坚强、不为外界干扰所动的意识和毅力，学习是很难坚持下去的。如同干好任何一件事都需要付出艰苦的努力甚至巨大的牺牲一样，学习也是一项艰苦的劳动，有时还要克服电视节目、小说、足球、游戏等的诱惑。所以那些成绩较差、对学习不太感兴趣的同学，还需要继续磨炼意志和毅力。从做一道题、听好一节课开始，锲而不舍地投入到学习中去，一旦那层“核桃壳”被打破，品尝到成功的滋味和乐趣，便能逐步建立起学习的信心和兴趣。不过千万要记住，要有吃苦的心理准备。

下面是对家长提出的几点建议：

1．定出详细计划

学习之前要明确学习的内容是什么，想达到什么目标、打算安排多少时间、怎样完成学习任务等等。

2．做好充分准备

即做好学习前的各种准备工作，如备齐学习用品和必要的参考书，把心情调节到愉快自信的状态，把学习环境布置得安静舒适。要注意每一节课前都要准备好，否则上课铃响的时候还在走廊内打闹，上课后肯定有很长一段时间还处于刚才活动的兴奋中，学习效果就可想而知了。

3．强化学习意识

在学习过程中明确学习的任务、学习的内容、学习的目标和要求，让学习活动始终指向既定的目标。

坏习惯15. 孩子课堂上被动接受的坏习惯

有人读了几年的书，就能写出很好的作品；有人念了一辈子的书，仍然毫无自己的见解。产生差别的原因在哪里？就在于读书过程中自己是被动接受人家的观点，还是不断打开局面主动思考。同样，课堂上有的同学能举一反三，思维敏捷，有的却毫无创意，人云亦云，这也在于课堂上的主动与被动之别。

新学期伊始，同学们看到教室黑板的右边挂了一张人体解剖图，可上课后，老师并没有提到它，也没讲到任何与它相关的东西，同学们也就懒得去注意它了，久而久之，也就对它熟视无睹了。这样一直持续了一个月。一个月刚过，老师通知第二天上午考试。老师发下了试卷，学生们打开一看，上面只有一道题：请默写出人体各部分骨骼与肌肉的名称。学生们忙抬头看那张解剖图，发现它已在考试前被老师取走了。“我们从没学过这个！”他们纷纷抗议。老师收上试卷，一字一句地说：“请大家记住：学习永远都不只是被动接受人家教给你的东西，我们还要具有自己主动获取信息的能力。”

其实这次考试的真正用意是告诉学生们：“被动接受”并不是完全意义上的“学习”。课堂上的单向传递模式并不足取，学生不只是外界刺激的被动接受者和知识灌输的对象，他们应是有活力有思维的主体。

物理学家霍金曾讲过他自己大学期间的一件事。有一位老师口才极佳，课堂上旁征博引。但可惜的是，他讲得太深奥了，很多东西已超出当时同学们的接受能力。有同学抱怨说，自己一堂课能听懂一半就已不简单了，那位老师听说后，微微一笑道："如果我所讲的你们都明白，那我还上这堂课干什么呢？你们想让你们的大脑干些什么呢？"霍金深受启发。

学生只会被动接受而缺乏创造性思维是与当代素质教育的精神相违的。学生在课堂学习中应该注意：老师所讲的、所灌输进你的大脑里的东西，永远都不是你自己的东西，只有当你主动思考、主动探索，把这些东西转化为自己的东西时，你才算真正弄懂弄通了它们。并且在你独立思考的过程中，也定能"无心插柳柳成荫"，得到额外收获，达到举一反三的效果。这时，你就会有成就感、自信心，从而更能激活你的思维。如此这般，做到良性循环。

被动接受，记得再多，也只能是一块吸水的海绵，外力一压，水就外流，抑或是一个两脚书橱，学而无用。

获得知识的多少，取决于我们自己根据自身经验与自我分析去获取有关知识的能力，而不取决于我们记忆和背诵教师讲授的内容以及书本上传递的内容的能力。

美国一所大学里，上午一位教授走进实验室时，发现一位学生在看资料，他没说什么，走了出去。下午，教授又走进实验室，发现那位同学还在看资料，于是问道："晚上你打算干什么呢？""继续看书，教授先生。"学生面露喜色，正等着教授表扬他勤奋用功。谁知，教授发问了："那你打算拿什么时候用于思考呢？"学生愣住了。

以教师为主体，强调"教"的传统教学方式，随着教学改革的深入，已渐渐让位于以学生为主体，强调"学"的教学方式。一味被动接受的学生很难适应当前社会对人才素质的要求。

永远不要怀疑主动思考问题的"意义"。相信自己的思维能力，相信"尽信书，不如无书"。在审查中考试卷时，专家们发现了一个很有意思的事情。试卷中现代文阅读历来包括课内课文阅读与课外选文阅读。可老师讲过的课文阅读的得分率远远低于课外选文阅读的得分率，有时相差竞达20个百分点。通过向学生调查得知，他们做课内课文阅读时，绞尽脑汁地回想老师当时是怎么讲的，而无法展开自己的思考；而做课外选文阅读时，他们无所顾忌，放胆发挥。原来，被动接受只会为成功关上大门，而独立思考则会给你开启另一扇成功之窗。

为此，对家长提出以下几点建议：

1. 重视孩子的想法

向孩子讲述问题或故事时，要时时注意询问孩子的观点和想法，不要把大人的观点强加到孩子的头上。摒弃被动接受，而愿独立思考，是孩子最可贵的品质。

2. 鼓励孩子有“协作学习”的精神

鼓励他们多与同学交流，因为创新的火花通常在讨论交流中产生，不同观点的交锋能加深孩子对当前所学问题的理解。

第二章

万般皆下品，唯有“学习”高

——纠正心理误区

坏习惯16. 孩子期望不劳而获的坏习惯

把偶然当成必然、当做顺理成章的时候，后悔的只有你自己。不付出劳动就想收获果实，许多聪明人都干过这样的蠢事。

在阿尔及尔地区的长拜尔有一种猴子，十分喜欢偷食农民的大米。当地的农民根据猴子的这些特性，发明了一种捕捉猴子的巧妙方法。农民们把一只葫芦形的细颈瓶子固定好，系在大树上，再在瓶子中放入猴子们最爱吃的大米，然后就静候佳音了。到了晚上，猴子来到树下，见到瓶中的大米非常高兴，就把爪子伸进瓶子里去抓大米。这瓶子的妙处就在于猴子的爪子刚刚能够伸进去，等它一抓到大米时，爪子却怎么也拉不出来。贪婪的猴子却怎么也不肯放下手中的大米，就这样，它的爪子一直抽不出来，自己就死死地守在瓶子旁边。直到第二天早上，农民把它抓住的时候，它依然不会放开爪子，直到要把那把大米放入口中。

其实，类似猴子偷米的事情在人类的身上又何尝少见呢？上班时有人迟到早退，就有同事想：他可以多睡会儿，早走会儿，为什么我不能？结果可能会因此失掉你的工作，老板的突击检查总是让人防不胜防的；有人收受贿赂，没事，为什么我就不可以呢？东窗事发，铁窗生涯没有人替得了你呀；孩子们的世界也是一样，考试时有人作弊，就会有人想，这家伙不用花时间就能考个好成绩，我为什么不干呢？如此做的坏处还用我更多说吗？首先，作为家长，你不希望他是个品质存在问题的孩子；其次，要是知道几次期末考试或者模拟考试的成绩只是抄袭而来的“镜花水月”，那么最好摸摸你的钱袋，看看够不够给他进入高收费院校准备更多的金钱吧！

告诉他不要作弊。

假如作弊了：

（1）伤害了老师，给师生关系蒙上了阴影；

（2）良心就有罪了；

（3）不能真正掌握所学知识。

作弊的后果：

（1）没收并撕毁试卷，打零分；

（2）改变了在他人心目中的诚实形象。

人的信誉价值连城，怎么能因一点点考分就将它出卖了？作弊的代价太高了，实在划不来！

以下给家长提出几点建议：

1. 适度怀疑原则

不是要你不信任自己的孩子，但是一个真正负责的家长在看到平时功课疏懒的孩子成绩突进时，是不会盲目沾沾自喜的，最好私下向老师或者他的同学了解情况。

2. 鼓励原则

看到孩子的成绩时，无论它有多糟糕，你最好还是尽量克制自己的情绪，哪怕只是沉默。告诉他：“虽然没有考好，但是你没有因为要一个及格的分数作弊，我很高兴，我为你骄傲。那么现在来谈谈这次考试……”接下来的分析原因还是必要的。

3. 委婉地批评

平时生活中对孩子贪小利而存侥幸心理要及时提出批评，当然最好采取一种委婉的方式。比如：“我觉得很可惜，这次你的作文又不是自己写出来的，我还以为你会把我们去旅游的事写给你的同学们看呢！我觉得你一直写得不错呀！”

4. 明确的态度

告诉孩子：“你这样做，我觉得很失望，也很伤心。”

坏习惯17. 孩子恃才傲物的坏习惯

也许，在我们的语言之中，太多的“我当然”、“我没错”代替了“我想”、“我看”、“我觉得”。不要总是一意孤行地认为自己是绝对真理而别人的意见一无是处，因为那样会使我们武断。

也许你对自己的孩子非常满意，没错，看，他的钢琴过了几级、成绩又那么优秀或者外语达到了什么水平，难道这些还不值得做父母的为他骄傲吗？但是，你有没有发现，孩子在同龄人之中，目光一天天骄横起来，影子一天天孤独起来了呢？也许你会说，“嗨，这又有什么关系，反正孩子的成绩很好，特长也不错，别人妒忌也是正常的现象嘛！”但愿你的推测是正确的吧。然而，不管是哪一种类型的学习，为自己所取得的一点成绩而沾沾自喜，傲视他人，都不仅仅是对别人的一种伤害，更是自身停滞不前的开始。更危险的事情就不是我们可以想象得到的了。

弗兰克·科克有过一次让他刻骨铭心的经历：

两艘派赴集训的战舰数天来一直冒着恶劣的天气在海上航行。我在领头的一艘军舰上服务。夜幕降临之际，我正在值班，此时团团浓雾密布天空，能见度极差，因此舰长也在关注着所有的活动。天黑后不久，舰桥一翼的监视哨报告说：“灯光！在船首右舷方位。”“那是活动的还是不动的船尾？”舰长喊道。监视哨回答：“不动，船长。”这意味着我们与那条船处在危险的相撞航线上。于是，舰长对信号兵喊道：“发信号给那条船：我们处在相撞的航线上。请将航向转20度！”信号回来了：“还是你转20度为好。”舰长说：“发信号，我是舰长，请转20度。”“我是一名二级水手，”对方回答说，“你最好转20度。”此时的舰长暴跳如雷，他怒气冲天地说：“发信号，我是军舰，将航线转20度。”闪烁着的灯光打了回来：“我是灯塔。”于是，我们转了航向……

灯塔的故事本身很幽默，但是道理发人深省，整个故事本身就像一个富含张力的隐喻故事。其实在生活中我们见到的那些狂妄自大、自视不凡之辈往往就像夜行军舰一样，凭借自己的“不凡”之处，总是试图使灯塔改变航向，认为一切在自己面前“臣服”是理所应当的。这不是很可笑吗？最后面对无可更改的强大真理碰了一鼻子灰，不得不在真理面前改变自己，然而这个过程本身又是何其被动啊！自视不凡者正如在黑夜之中行走的路人，这样的结果只能是把自己和别人的实力都只估量个大概——当然，别人肯定弱，自己一定强。这是恃才自傲者永恒不变的法则。然后，他们那些愚蠢的观念、意志就像微弱的灯火一样还未等到自己向往的黎明到来，就在暗夜里逐渐隐去。于是，他们开始抱怨黑暗，声称自己的失败都是“时不利兮”，可是他们却忘记了一点，那就是这种黑暗正是自我愚昧的黑暗啊！

是的，也许你会说，“我的孩子好像是有一点不合群，平常也是有一点‘牛’气。不过，那也算不上是什么自我愚昧吧。你不知道，他的数学学得有多棒，连老师都说这是自己教过的最好的学生……”如果我有耐心，相信讲上一天你的嘴巴也不会觉得口渴。但是，时时刻刻为自己孩子骄傲的你曾经想到过吗：良好的人品和成绩之间是不能够画等号的，就像金钱与人格之间是不等关系一样。

诚然，我们无法像贴标签一样去判定哪个孩子是恃才傲物的，哪一个不是，因为如此做的结果是我们自己就先武断起来。每一个孩子都是具有开放性的个体，就像生生不息的流水，会因为地势高低而在生命的某一瞬间有所改变，而这种改变也只是暂时的。

为此，对家长提出以下几点建议：

1. 记录

帮助孩子记录下一些错误和荣誉，内容要广泛，不要只局限于成绩。

2. 适度地“泼冷水”

不是要你打击孩子，而是在肯定其成绩的同时，告诉他还存在的不足，告诉他：“没有完善的人，只有不断完善”。

3. 可以和他探讨人类的存在

这个题目看起来很大，但是本杰明·弗兰克林认为，处理人类自高自大这一普遍问题的唯一方法是：经常提醒自己在宇宙之中的渺小。

4. 委婉地批评

要指出他（她）的不足，并且表明你的态度，但是口气不必那么生硬。

坏习惯18. 孩子心头“失败综合症”的坏习惯

父母、老师的消极评价会大大打击孩子的自尊心，使孩子对自己丧失信心。让孩子获得成功体验是父母帮助孩子克服“失败综合症”的重要方法。

王涛是小学五年级的学生，马上要小学毕业了。王涛的妈妈反映，小学一年级的时候，王涛的成绩还可以，但是到二、三年级时，成绩一直不好。到了四年级以后，王涛对学习好坏就完全持无所谓的态度了，父母、老师责备也好，好言相劝也好，就是“推”不动他。他似乎对自己的成绩以及对老师、家长的批评都无所谓。

用王涛爸爸的话说：“现在我们最着急的倒不是他的成绩，而是他的态度。平时成绩不及格或挨老师批评的时候，我们看不出他有任何着急或者不好意思的态度；偶尔，他表现出一点进步，我们也会表扬他，可是，你表扬他时，他也不会表现出任何高兴的样子，整个一副无动于衷的样子。”

据一位心理学家分析，王涛这种情况叫“失败综合症”。所谓“失败综合症”，即失败不是由于自己缺乏能力，而是由于心理上的原因，由于根本没有努力而遭受失败。

那么，学生的这种“失败综合症”是怎么发展起来的？原因大致有三。

一是重复失败的经历可能使孩子感到自己永远也走不出失败了。大多数孩子刚上学时，对学校生活充满热情。但是，孩子一次又一次没有达到目标，他就可能体验到挫折，会感到自己对生活和环境、自己的学业都无能为力，无论他们如何努力，也无法改变自己的命运。久而久之，他们就会体验到无助感，并放弃努力。

二是对成功和失败的不正确归因，也会导致“失败综合症”的形成。有“失败综合症”的孩子与其他孩子有一个明显的差别，那就是他们对自己的成功有一种“宿命”的观点，感到成功与失败不是自己能够决定和改变的，而是由外部的、自己无法控制的因素决定的。

三是来自家长、教师等的不良评价。家长可能会这样对孩子说：

“连这个都不会，你真笨。”

“我看你是无可救药了。”

“你这种成绩，真把老子的脸都丢尽了。”

“你看隔壁家的李津津，你为什么就不能像他一样？”

无疑，这些都是令人泄气的评价。孩子的思维是比较简单的、具体的，他们会很大程度地相信成人说的话。如果父母说他笨，孩子可能就会信以为真，认为自己不聪明。

总是，父母、老师的消极评价会大大打击孩子的自尊心，使孩子对自己丧失信心，使他们怀疑自己的价值。

让孩子获得成功体验是父母帮助孩子克服“失败综合症”的重要方法。

1. 帮助孩子处理可能的障碍

孩子在学习的路上可能存在许多障碍。例如，知识的学习是积累性的，以前学习的知识如果不扎实，那么除了要学好现在的知识外，还要对以前的知识缺漏进行弥补。家长可以想想办法，帮助孩子排除知识缺漏的问题。

2. 将孩子置身于他容易取得成功的地方

如果要求孩子在短时期内将各门功课都赶上来，可能会非常困难，而且容易导致孩子的畏难情绪。因此，可以帮助孩子找到一门他比较感兴趣的学科，集中精力学好这一门学科，以此为突破口，让孩子感受到成功的乐趣和相信自身的能力。

3. 采取小步子前进的策略

一个成绩一直不好的学生是很难“一口吃成一个胖子”的。家长可以指导孩子将目标分解成一个个较容易达到的小目标，这样，每达到一个小目标就是一次胜利，从而让孩子一直带着胜利的喜悦去攻克最终的大目标。

4. 掌握积极的归因模式

成绩水平相同的学生，也会有不同的成功期望。原因之一，可能是他们对过去成功和失败有不同的理解，作出了不同的归因。

一个将失败归因于能力欠缺或任务困难的人，可能只有较低的期望，且常轻易放弃期望。

一个将失败归因于缺乏努力的人，可能下次较为努力。

所以，教导孩子将成功归因于自己的能力，将失败归因于缺乏努力等自己能控制的因素，有助于保持孩子积极的学习态度和动机，培养他们的学习自信心，最终有助于他们学习成绩的提高。

5. 让孩子感觉到自己的价值

处于“失败综合症”中的孩子往往有一种看法，认为父母、老师把孩子本人同他的行为表现结果等同起来。孩子就会认为自己的价值完全取决于自己的行为表现，他们会认为只有成功的人、学习成绩好的人才是有价值的，而自己的成绩总是不好，所以，毫无价值。因此，让孩子感觉到自己的价值对孩子的成长无疑至关重要。

6. 称赞孩子的善良人品

父母常常称赞孩子的善良人品，等于向孩子暗示：父母看重他，不仅仅是因为他在学校的成绩；即使他学习成绩下降，他还有其他的优秀品质，有自己的价值。这样，孩子就会在对自己肯定的同时，更加努力。

7. 保持对孩子的高期望

在孩子多次失败后，许多父母会对孩子丧失信心，对孩子的期望和要求随之降低。事实上，父母对孩子的能力的期望，会直接影响孩子的自信和成功期望。父母的低要求和低期望是不相信孩子能力的表现，相反，父母的高期望只要不是不可企望的，就能为孩子提供一种信任感，也能让孩子感到一种胜任感，从而使他今后更加努力。

8. 鼓励孩子的课外兴趣

对于学习成绩不佳的孩子，许多家长会心急地将孩子牢牢地“钉”在功课上，完全剥夺孩子开展“课外兴趣”的时间和权利。殊不知，鼓励孩子开展课外兴趣，既可以使孩子多一条“成功之路”，多一个发挥才能的领域，同时也是父母“爱心”的体现。孩子会觉得尽管自己学习成绩不好，但父母还支持他的课外兴趣，表明父母并没有对他全面丧失信心，也表明父母还是爱他的。这无疑是对孩子的最好激励。

9. 做一个善于评价的家长

家长对孩子的评价会极大地影响孩子的自尊心和自信心。善于评价孩子的家长可以避免孩子进入“习惯性无助”状态。

父母应避免给孩子“贴标签”，避免用使人丧失信心的话来评价孩子的学习和能力。

在评价孩子学习的时候，父母应该更多地注重对学习过程的评价而不是只看重结果，应采用个人标准而不是集体标准。

坏习惯19. 孩子骄傲自大的坏习惯

骄傲自大的孩子无意之中会在自己与外界之间树起一道无形的“城墙”，形成与外界的隔膜，这使他变得狭隘、自私、目中无人，如井底之蛙，看不到更广阔的世界。

蒙蒙是个聪明伶俐、讨人喜爱的女孩。她的爸爸是一家大公司的经理，妈妈在一家医院当医生。蒙蒙从小就生活在这样一个条件优越的环境中。在家里，她要什么有什么，是爸爸妈妈的掌上明珠；在学校里，她成绩优秀，是老师心目中的“尖子生”；在同学当中，由于她长得漂亮，大家还给她起了个响亮的名字——“白雪公主”。良好的家庭环境，父母的疼爱，老师和同学们的赞誉，再加上自己的天赋，使蒙蒙产生了一种飘飘然的感觉，而且这种感觉一天比一天强烈。“我就是比别人优秀”，蒙蒙总是这样想。蒙蒙的爸爸妈妈也经常在别人面前夸奖自己的女儿，为有这样一个聪明美丽的女儿而自豪。所有这些都助长了蒙蒙的自满和自傲的情绪。渐渐地，蒙蒙变了。在家里，她只要稍稍不顺心就对爸爸妈妈发脾气；在学校里，蒙蒙更爱表现和炫耀自己，取得好成绩就自鸣得意、沾沾自喜，甚至不把老师的话放在心上；在生活中，她总是拿自己的长处同别人的短处相比，认为自己高人一等，看不起别人。

蒙蒙是骄傲自大的孩子的一个典型代表。在现代家庭中，由于受到特殊的家庭环境的影响，独生子女容易产生骄傲自大的情绪。那么，到底是什么原因导致孩子骄傲自大、目中无人呢?

1. 成人对孩子的影响

有些父母由于自身条件比较优越，总是一副洋洋得意、目中无人的神态，常常会流露出对他人的不屑一顾。如他们经常议论同事的缺点，或说某某不如自己。孩子听到这些话，也会仿效父母，只看到自己的长处，而嘲笑别人的短处。

2. 家庭生活条件优越

优越的家庭条件容易滋长孩子虚荣自傲的心理，形成爱炫耀自己、嘲笑别人的毛病。如孩子常常穿漂亮的衣服，就会看不起那些穿旧衣服的孩子。

3. 过多的夸奖

孩子常常得到大人的夸奖，就会认为别人不如自己，导致看不起别人。如果爸爸妈妈常常在朋友面前炫耀自己的孩子，孩子就会认为别人都不如自己，产生自傲心理。

谦虚使人进步，骄傲使人落后。骄傲自大会对孩子的发展产生消极影响。骄傲自大的孩子常在自己的周围树起一道无形的“城墙”，形成与外界的隔膜，这使他们的心胸变得很狭窄。他们虽能取得一定的成绩，但往往没有远大理想和志向，而只满足于眼前取得的成绩。而且，他们看不到别人的成绩，只会“坐井观天”。骄傲自大的孩子很难和同学们友好相处，因为他们不能做到平等相待，总是以高人一等的态度对待人或喜欢指挥别人。骄傲自大的孩子情绪也不稳定，当人们不去理睬他时，他们就会感到沮丧；当他们遭到失败和挫折时，又会从骄傲走向悲观、自卑和自暴自弃，否定自己的一切，觉得自己什么都不如别人。

当孩子形成骄傲自大的情绪时，父母应该如何办呢？

耐心教导，让孩子正确评价自己。孩子形成骄傲自大的坏习惯往往是过高地估计了自己，认为自己比谁都强，只看到自己的长处，看不到自己的短处，拿自己的长处比他人的短处。所以，狂妄自大，大都以自我为中心，想干什么就干什么，不会设身处地替别人着想。作为父母应耐心地教导孩子，让孩子学会正确地评价自己，既认识到自己的优点，又看到自己的不足。家长还需要规范孩子的行为，督促他们改正骄傲自大的坏毛病，告诉孩子在交友中应该怎样做和不应该怎样做，并加以训练和指导，使其养成良好的行为习惯。这样，他才会受到大家的欢迎。

表扬时感情流露要“浓淡”适度。有些家长望子成龙心切，孩子稍微有点进步就欣喜若狂，赞不绝口，久而久之，必然助长孩子的自满情绪。正确的方法是：在表扬孩子时，高度重视感情的作用，尽量做到“浓淡”适度。有时对孩子轻轻的一个微笑，也会起到许多赞美之词难以起到的作用。家长应尽量少在外人面前夸奖孩子，因为小孩子的自我评价能力还很差，看到那么多人肯定自己，会产生错误的认识，认为自己真的多么优秀，从而产生骄傲情绪。

奖励以精神鼓励为主，物质奖励为辅。其实，一般情况下，孩子只要能得到口头表扬，心理上就会得到满足。过多的物质奖励，有时会强化孩子产生沾沾自喜、骄傲自大、忘乎所以甚至不思进取的心态，要防止他们被夸奖声和赞许的目光所包围，或获得过多的物质奖励而产生畸形的满足感，懒于进取和努力，从而削弱进取意识。因此，家长要注意不能给孩子过多的物质奖励，让他们明白好条件是父母创造的，他其实和其他同学一样，没有什么特别的地方。家长要观察孩子的心态和行为表现，发现苗头，及时教育，消除其骄傲自大的不良心态。

以身作则，为孩子树立榜样。榜样的力量是无穷的。父母是孩子的第一任教师，是孩子效仿的最直接的榜样，父母对孩子的示范作用是巨大的。父母应该成为孩子高尚人格的榜样，要谦虚友善，不要在孩子面前表现出骄傲情绪，以免孩子受到不良影响。

坏习惯20. 孩子意志薄弱的坏习惯

一定程度的挫折可以激发人克服困难的勇气和力量，家长若不进行正确的引导，不仅不利于孩子良好意志品质的形成，还可能会使孩子长大后难以适应复杂的社会生活，产生自卑、抑郁、厌世等不良心理。

“佳佳，你怎么了，快告诉妈妈呀？”“佳佳，你怎么了？”……

佳佳的妈妈伏在佳佳的身边，拼命地喊着。她怎么能想到，孩子上初一还不到一个月，竟然想到了自杀。

佳佳是家里的独生女，爸爸是中学校长，妈妈是医生，爸爸妈妈无微不至地关心着佳佳，爷爷奶奶更是视佳佳为掌上明珠。她有着优越的家庭条件，只要是佳佳想要的东西，父母都会尽量地去满足她。

当然佳佳也是很争气的，整个小学阶段，基本上每次考试都能拿到奖状，亲戚朋友无不夸佳佳是个好孩子，同班的同学无形中也愿意和佳佳来往。佳佳是个不甘示弱的孩子，只要考试，就想争第一。上五年级的时候，有一次考试佳佳由于身体不太好，结果考了第五名，谁也没有想到，拿到成绩单以后的佳佳就大哭了一场。小学毕业考试，她的成绩很理想，顺利地考入了一所重点中学。

这所中学就是佳佳理想中的学校。入学以后经过一段时间的适应，同学们都进入了学习的状态。这时，佳佳才发现自己原来的优越感一下子全没有了，身边的同学都是那样优秀。课堂上，佳佳回答不出来的问题，总有那么多的同学似乎不假思索就能说出答案；老师的目光在佳佳身上停留的时间也少了；开学不到一个月要确定班干部，结果名单里也没有佳佳；英语课堂上，老师让同学们听写几个单词，佳佳只对了一半；语文课上，好不容易才争取到了回答问题的机会，竟然说错了……

这一切都让佳佳不断地怀疑自己，责备自己。她甚至感到自己再没有脸面见父母了，放学路过小河边的时候，佳佳就……

幸亏过路人发现并及时地救了佳佳。

佳佳的事例不能不让我们认真思考自己对孩子的教育方式。现在的孩子大多数是独生子女，在他们身上集中了好几代人的希望，受到好多人的关注，有些家长甚至无条件地满足孩子的要求，让孩子很容易就得到了很多物质享受，根本不懂得什么是苦，什么是累，不懂得什么是困难，什么是挫折。其实，孩子总有一天要离开父母，走向社会，面对生活。为了孩子健康地成长，家长应该让孩子知道什么是苦、什么是累，努力培养孩子适应各种环境的能力，使孩子从小具有良好的意志品质。

古往今来，很多成就大业的人，都是意志坚强的人。对于家长来说，应该从小就培养孩子良好的意志品质，为孩子一生的成长奠定坚实的基础。良好意志品质的养成必须在家长的指导下进行，必须经过长期不懈的努力，并根据孩子意志品质的发展特点进行具体指导。建议家长从以下几个方面入手：

1. 让孩子体会生活的艰辛

如果孩子的一切事情都由家长包办，孩子就没有机会体验生活的艰辛。在家庭中应适当地让孩子做些力所能及的事情，如让孩子照料一盆植物，每天给它浇水，定期施肥，常常观察它生长变化的情况。当植物在孩子的精心照料下，开出鲜艳而美丽的花朵时，会使孩子从中体会到，做一件事必须付出自己艰辛的努力。

2．鼓励孩子做好每件事

对于孩子来说，他们行动的目的性和计划性不是很强，常常做事会有头无尾，半途而废。因此家长应鼓励孩子自始至终做好每一件事情。当孩子在做事过程中，遇到困难后，就丢下手中的事去干别的了，有的家长就跟在后面收拾孩子丢下的“尾巴”。其实，对待这种情况，家长一定不要迁就，而要让孩子做完手中的事再去干别的。这是指导孩子经受意志锻炼的重要手段。孩子年龄小，做事易受外部环境影响，如果遇到困难，就很容易放弃原始目的。要克服这种缺乏意志力的行为，成人就要及时表扬孩子已取得的成绩，帮助孩子克服行动的困难，鼓励孩子坚持把一件事做完。

3．家长要以身作则

家长如果意志坚强，做事具有不怕困难、百折不挠的意志力，那么孩子也会在耳濡目染、潜移默化的过程中逐步完善自己的意志品质。反之，家长如果做事拖拖拉拉，遇到困难绕道走，工作、生活缺乏勤奋精神，那么他们的孩子决不会成为一个意志坚强的人。

4．教会孩子正确面对挫折

教给孩子一些对待挫折的方法，如“这次虽然我没得到第一名，但比在中班有进步了”；“我跳舞不行，可画画不错，要努力画，争取参加书画比赛”。当孩子自己克服了困难时，成人应鼓励、肯定。如此，孩子就能体验到成功的喜悦，增强克服困难的信心。如果孩子独自克服不了困难，成人应给予适当的安慰，并提供一定的帮助，以免孩子过分紧张，影响身心健康。

5．通过活动锻炼孩子的意志

鼓励孩子参加体育锻炼，这不仅可以促进孩子的身体健康，保证其正常的生长发育，而且对意志品质的锻炼也有促进作用。如带孩子登山游玩就是一种很好的锻炼方式。有的孩子走累了，缠着要爸爸妈妈抱。这时，家长可以跟孩子说：“咱们来当解放军吧，看看谁先到目的地。”孩子会一边学着解放军的样子，一边继续往前走。还可以选择一些有关意志力培养的故事讲给孩子听，以培养孩子良好的意志品质。例如，可以给孩子讲讲爱迪生的故事。在爱迪生小时候，因为喜欢问一些古怪的问题，而被教师开除出校；在他做化学实验的时候，有一次差一点炸伤了他的眼睛……在小爱迪生身上，经历过无数次挫折与逆境，但爱迪生以顽强的毅力和坚强的意志挺过来了，一次次地克服了困难，最后成了一名大发明家。

坏习惯21. 孩子自制力差的坏习惯

无自制力的人不知道什么时候该做什么，不知道如何控制自己的情绪和行为。他们就像无舵之船，难以掌握自己的人生方向。

有自制力的人有很强的独立性，有自己的主见，不容易受到环境和他人的左右。一个人要想有所成就，就需要具备较强的自制力。自制力的形成并不是孩子自己的事，父母要从小对孩子进行正确的教育。

“我儿子今年14岁了，可一点儿自制力也没有，没有一件事能从头做到尾。拿起一本书，还没翻上几页，就扔到一边；学习不了多长时间，就去看电视。这可怎么办呢？”许多父母常为孩子没有自制力而烦恼不已。确实，孩子的自制力差不但会影响到他们的生活、学习，而且还会影响到其今后的发展。

郭英是一名初三的学生，现在正面临中考，学习很紧张，但每天做功课时，她都管不住自己。刚开始的几道题她还是认认真真地做，但没过半小时，她就坐不住了，一会儿起身去喝水，一会儿吃东西，一会儿又上厕所，反正她总有理由不写作业。郭英不光在做作业这件事上没有自制力，在其他方面也这样：跳舞可以说是她喜欢的事，但当老师教完一段后，她练习起来从来不会超过3遍，对动作的要求也是马马虎虎。由于这个，她总挨老师批评。郭英自己也觉得很苦恼。她感到现在面临中考，这种状态根本不可能取得好成绩，但她想管住自己却做不到，好像总有一种无形的力量支配她离开自己应该做的事。那么，郭英自制力差的这种坏习惯是如何养成的呢？

原来，郭英是家中的独生女，父母把全部希望都寄托在她的身上，从很小开始，父母就对郭英进行了早期教育。先是弹琴，后是画画、念英语、算算数。看到女儿这样辛苦，妈妈很心疼，在郭英学习的时候，经常会送来零食什么的。小孩子禁不住诱惑，于是，时间一长，形成了习惯，没有零食就不能把事做下去。她做事的时间不能长，并且总是坐不住，注意力不集中，不能安心学习，所以学习成绩总是不理想。每当考试成绩出来时，郭英看到自己那可怜的成绩都会很伤心，有时甚至会大哭一场，暗下决心一定要认真学习，但几天之后，她就会把自己的痛苦抛于脑后，还是控制不住自己。

现在的独生子女缺乏自制力是一种普遍的现象。父母总以为自制力可以由孩子的主观意识来控制，孩子之所以在关键时刻没能管住自己，完全是他们“不愿意”和“不使劲管”的原因造成的。其实，这冤枉了很多孩子。孩子自制力差有许多原因，如外部世界诱惑太多，或早年未形成有始有终的良好习惯，缺乏自己的人生理想和奋斗精神，以及生理因素等。其实，孩子自制力差，家长具有不可推卸的责任。有的父母看到孩子辛苦一点儿就承受不了，总是嘘寒问暖，导致孩子不能专心地做一件事；有的父母忙于工作，无暇顾及孩子，难得和孩子在一起玩耍和说话，长期的紧张气氛，使孩子不能心平气和地去做事，总是追赶着应付新变化。

孩子自制力差的坏习惯是多种因素长时间累积的结果，所以纠正孩子的这种坏习惯也需要长期的过程。建议家长做到以下几点：

1. 把长远的目标具体化，增强它们的激励性

心理学研究表明，人很容易受短期的、比较具体和明确的强化物所左右，而不容易受遥远的、比较抽象和模糊的东西所影响。学习虽然意义重大，涉及孩子未来的生存和发展，可对孩子而言，毕竟是比较遥远和抽象的；而看电视、吃零食之类的事情是一种十分明确的诱惑，可使孩子获得即时的满足，因此孩子常常不能抗拒后者的吸引。为此，就特别需要父母

想办法，把一些长远的目标具体化，增强它们的激励性。

2. 减少干扰因素的影响

当孩子安心做一件事时，父母不应随意打断他而让他做另外的事。但在完成一小部分学习内容后，可以让孩子休息一会儿，吃点好吃的，玩玩小玩具，听听歌曲，做做操，以此来作为孩子完成一项阶段性任务的奖励，而不至于使孩子的学习太乏味。

3. 设法使孩子集中精力干一件事

家长要注意孩子在平时的表现，当孩子做事不彻底时，要鼓励他把事情做完。不管是在孩子玩积木还是画画时，都不要把所有的玩具和用具一股脑摊在孩子面前，以免分散孩子的注意力。

4. 丰富孩子的经验，培养孩子的兴趣

从孩子感兴趣的事情中选出一项让孩子坚持下去。因为孩子的经验不足，感兴趣的东西有限，所以要尽量让孩子多接触新事物，从中培养孩子的兴趣。兴趣是最好的老师，孩子感兴趣才有可能坚持下去。

5. 努力成为孩子的伙伴

父母要常常鼓励孩子，经常和孩子倾心交谈，让孩子知道你一直关心他、爱他，从而使孩子产生做事的积极性。如果父母对孩子努力做的事不闻不问，这样就会使孩子感到失望，而放弃手中的事。

坏习惯22. 孩子依赖性强的坏习惯

凡孩子自己能够做到的，应该让他自己做；凡孩子自己能够想的，应该让他自己去想。

现在的家庭多数只有一个孩子，几代人的关心与爱护都集中在一个孩子身上。因此在家里，没有成人一勺一勺地喂饭，孩子就不肯自己进食；没有成人陪着、拍着睡觉，孩子就又哭又闹不能入睡；就连和小朋友玩耍时也要求父母跟着；早晨起床后不叠被子，吃完饭不知道刷碗，上学忘了带学习用具也要责怪是家长没有提醒他们。如果孩子有这些类似的问题，家长就不得不思考孩子的依赖性是否太强了。依赖性强的孩子，大多数缺乏责任心，遇到一点困难就想到让父母替他去做，这种依赖心理对孩子的成长非常不利。

在别人眼里，贾彭一直非常优秀。从小学到高中，他的学习成绩一直排在最前面，每次考完试，他都会问老师：“这次考试谁是第二？”因为他坚信，第一名肯定是属于他的。如此出众的学生，自然深得老师的称赞和父母的厚爱。

为了贾彭能够集中精力学习，父母可谓是操尽了心，除学习之外的任何事情，父母都会代替贾彭去干：吃饭时，妈妈会及时地把饭端到贾彭的手边；衣服脏了，当然也是妈妈的事；笔记本用没了，也是妈妈为他去买……他习惯了“饭来张口，衣来伸手”的生活，而且有时还为自己的这种生活而沾沾自喜。事实上，到了十七八岁，早应具备洗衣、做饭这些最基本的生活技能，但贾彭和别的孩子不一样，他没有这些能力。

1988年7月，贾彭参加高考，他以全县第一、全省第二的优异成绩，考取了北京某名牌大学，那是他梦寐以求的学校。这一喜讯，给家里带来了前所未有的欢乐，亲朋好友们无不夸贾彭聪明。同年的9月，贾彭和其他刚入学的学生一样，无比兴奋地来到了首都北京。然而在大学生活开始不久，贾彭就陷入了困境，他不会买饭，不会洗衣，常常找不到上课的教室，甚至不知道该怎样和同学相处。虽然好心的同学也在不断地帮助贾彭，但还是难以解决他的适应问题，这令贾彭万分苦恼。无奈之际，他只好提出了休学，学校根据他入学以后的表现也同意了。

第二年的7月份，学校及时地寄去了复学通知。收到通知的贾彭，没有丝毫的兴奋，反而产生了无比恐惧，他害怕再次离开父母，他担心自己依然不能适应学校的生活。在这种思想的驱使下，贾彭便从6楼阳台跳下，结束了年轻的生命。

贾彭的事例不能不引起我们的反思，在教育孩子的过程中，我们是否也有意无意地包办了孩子很多力所能及的事情？在重视孩子学习成绩的同时是否忽略了培养孩子的生活能力？我国著名教育学家陈鹤琴先生曾说过："凡儿童自己能够做到的，应该让他自己做；凡儿童自己能够想的，应该让他自己去想。"这是一句符合教育规律的至理名言。具体而言，在纠正孩子过强的依赖性方面，建议家长从以下角度入手。

尽可能让孩子做力所能及的事情，培养孩子自己动手的习惯。家庭教育的目的不是让孩子过上舒适安逸的生活，而是要培养孩子各方面的能力。因此父母要转变观念，从小就开始培养孩子自立、自主的精神，孩子的生活起居，能放手的就不要包办。家长们不妨尝试一下美国家庭的做法：婴儿从一出生就单独睡觉；孩子会捧奶瓶了，母亲让他自己捧奶瓶吃奶；吃完奶就把孩子放在大便椅上让他自己大便；让孩子在有围栏的床上自己玩；孩子学步的时候，也是他自己扶着学步车走；长大后，还得帮忙干一些家务活；孩子在7岁的时候就开始学着自己挣钱；13岁的女孩，包揽全家衣服的洗涤，按社会价格收费；18岁以后，孩子就完全独立了。

在培养孩子动手能力的时候，要按孩子的年龄、能力的发展程度对孩子提出适当的要求。如果要求过高，难度过大，会使孩子产生畏难情绪、自卑心理，要求过低又不能激发孩子的兴趣。实际上，在幼儿期，伴随着孩子生理的发展，他们的肢体活动能力增强，相应地自主性也开始发展，独立性渐渐增强，这时是父母帮助孩子形成良好习惯的适当时期。父母要坚持给孩子安排一些任务让他们自己完成。当儿童看到自己用双手完成了很多事，他们的自信心和责任感便会增强，从而减少对父母的依赖心理。

父母要运用一定的策略改变孩子已形成的依赖心理。父母一旦发现孩子有依赖性，就必须及时地给予纠正。首先要了解孩子依赖心理形成的原因，以此为基础，使用一定的策略也是十分必要的。例如，很多孩子每天早上的起床问题让父母费不少心思，一次又一次地叫孩子起床，可孩子总赖在床上不起，一旦迟到了，反而会责怪父母没有及时把他们从床上拉起来。面对这样的情况，一位父亲就对女儿说：“上学是你自己的事，晚上睡觉时上好闹钟，早晨自己起床，没有人再叫你了，迟到了由你自己来负责。”第二天，闹钟一响，女儿果然立即跳下了床。这位父亲很了解自己的女儿，运用一个小技巧，就很轻松地改变了孩子的依赖心理，他的做法也是值得我们借鉴的。

坏习惯23. 孩子缺乏主见的坏习惯

缺乏自信往往和缺乏主见紧密相连，要想克服孩子犹豫不决、拿不定主意的不良习惯，最好的办法就是帮助孩子建立起自信心。

不少父母在训斥孩子时习惯于用这样的话，如“我的话你怎么敢不听”，“你必须这样做”，“你说了算还是我说了算”……有的父母甚至还拿起棍棒来逼迫孩子。在这些家长的头脑中存在着一个概念——家长是权威，家长所说的所做的总是对的，孩子必须服从。家长的这种行为，不管是对何种类型的孩子都是极不适用的。对于那些有思想、有判断力的孩子而言，家长这种简单粗暴的方式，会让孩子觉得自己受了不公正的待遇，或者孩子在表面上是不敢和家长相对抗的，但是他们的内心是十分不服气的。对于那些天生胆小、懦弱的孩子，这种绝对权威的方式，只能致使孩子在做事时越来越缺乏主见、犹豫不决。

明明是个11岁的小男孩，他的爸爸因为参军常年在外，而妈妈整天忙于工作，几乎没有时间照顾孩子，于是明明就和爷爷奶奶生活在一起。爷爷奶奶当然万分高兴，对孩子是百般关心、照顾，给明明穿衣服少了，怕冷着了孩子，穿多了又怕孩子太热。明明想出去找小伙伴玩，也要征得爷爷和奶奶的同意，更多的时候，他们会限制孩子出去，不是担心别的孩子会欺负明明，就是怕明明摔了、跌了。什么时候看电视，什么时候出去玩，都是爷爷操心的事，每天穿什么衣服比较合适，当然就是奶奶的事了。明明不用担心，一切都会安排得恰如其分。要做作业了，先做哪个作业呢，明明犹豫不决，问一声爷爷，问题就解决了。

明明不爱运动，偶尔跟同龄的小孩在一起做游戏，可也是随着其他小伙伴玩，当个“小跟屁虫”、“小尾巴”，跟着别人学，别的小孩做什么他就做什么。如果没有别的小朋友一起玩，他就静静地待着。当爷爷奶奶发现了明明的这种“随从”行为以后，才开始为孩子没有主见、缺乏自信而担忧。

缺乏主见的人，往往是缺乏自信的人，他们经常会人云亦云，随大流，以求得安全。孩子做事拿不定主意、犹豫不决可能有天性的原因，但更多的是环境因素造成的。有些家长出于“好心”，唯恐委屈了孩子，一味包办代替或过多干涉孩子的事情，使得孩子无独立做事的机会，一旦遇事让他拿主意时，就不知所措，祈求别人的帮助。还有一些父母望子成龙心切，对待孩子往往期望过高，总是不满意孩子的表现，赞许少，批评多。有的父母甚至让孩子做力所不能及的事，又不帮助他，使得孩子对成功的体验少，而经常感到失败的痛苦。这样会降低孩子的自信心，害怕做错事，更不愿意拿主意。

所以，孩子做事的果断性、主见性不是天生就有的，成人应注意教育孩子，让孩子在锻炼中体验成功、增强自信，并敢于为自己的行为负责任。

那么，如何转变孩子，使孩子成为一个有主见的人呢？建议父母从以下做起：

1. 丰富知识，提高孩子的认识水平

孩子年龄小，道德观念尚未完全形成，是非判断标准还很模糊，而且孩子的控制能力差，往往不分好坏，看别人怎样，自己就跟着别人学。对此，家长既不能忽视也不可羞辱或惩罚，而应耐心地正面引导、纠正，使孩子通过成人对其行为、言语的评价，逐步认识到自己行为的是非。如孩子听见某些人说了脏话，于是就跟着学，这时父母需要解释清楚，“这句话是骂人的话，不好听，不文明，不要学说”等。同时，父母要不断丰富孩子的知识，从各方面提高他的能力；创造条件，使孩子有充分表现自己的机会；孩子的事情让他自己做，对于孩子做的事情，要给予充分的肯定，增强他对自身的认识，从而相信自己的力量。孩子有了自信心，又有了明辨是非的能力，做事就会有自己独特的见解，不盲目地随从别人。

2. 正确评价孩子做的事

对孩子要求不能过高，要多鼓励、少批评。对孩子竭尽全力也没做好的事，家长要给予理解，告诉孩子：“没关系，以后再慢慢努力。爸爸小时候也经常这样。”成人正确的评价，可减轻孩子的心理压力，让孩子鼓起勇气去拿定主意。孩子提出要求时，家长一定要根据孩子的个性特点、能力水平提出适当的要求，让孩子做力所能及的事，通过成功自我激励，体验成功的喜悦，获得信心。在孩子做事时，家长提出具体、明确的要求，尽量让孩子明白怎样做。含糊不清、笼统会使孩子感到无从下手，拿不定主意。

3. 放手让孩子做力所能及的事

孩子的特点是好奇心强，一般都愿意参加一些活动，成人要尽早让孩子练习一些基本生活技能，如穿衣、穿鞋、擦桌子，独立完成简单的委托任务。凡是孩子能够做到的，成人尽量不插手，给孩子足够的时间去思考、去尝试，鼓励孩子自己的事自己做，不会的事学着做。让孩子在生活中得到锻炼，克服孩子的依赖性。如果孩子感觉自己有能力去做好某件事，就会果断地去做。因此，要注意的一点是，对于那些较难的事情，成人应同孩子一起去做，并给予适当帮助，教孩子逐步学会一些克服困难的方法和技巧。孩子有了成功的体验，就会增强自信，做事果断。

4．在活动中锻炼孩子

一个人在做出决定以前，需要考虑利弊得失，再做出最佳选择。成人应在一定范围内给孩子充分自主的机会，让孩子有自我决策和选择的权力，凭自己的思考、能力去决定做什么事，怎样做。如到商店给孩子买玩具时，父母划定价钱标准后，鼓励孩子自己拿主意选择自己喜欢的款式与花色；又例如，儿童乐园是孩子常去的地方，也是孩子最喜爱的地方，有的父母寸步不离地陪着孩子，规定孩子这个可以玩、那个不能玩，以防孩子出意外。这时，父母不妨让孩子自己做主，只给孩子以启发引导，适时地提醒孩子注意安全，鼓励孩子与其他小朋友开展竞赛，学习别人好的经验，同时要鼓励孩子自己创新。

坏习惯24. 孩子自卑的坏习惯

人们常说："没有压力就没有动力"。但是如果父母对儿女的期望过高，给孩子的压力过大，那么，孩子就会像被套上了沉重的枷锁，再也无法前进，甚至会渐渐失去自信，滑入自卑的深渊。

期望孩子能够出人头地，成为成功之人，是当今大多数家长的心愿。为此，父母可谓不辞辛苦，呕心沥血。但在父母们一心为孩子好的辛劳中，经常忘记了孩子健康成长的最重要因素是什么，以至于劳而无功，不但使孩子的童年充满了痛苦的回忆，还给亲子关系蒙上了一层阴影。

有的父母平时容易对孩子说，"你怎么这么笨，看人家，可比你强多了"，或是"我们家怎么有你这么一个不争气的孩子"之类的话。父母说这些话往往是一时冲动，但孩子却容易把它们当真，在多次讲了这类话以后，就会对孩子起到强烈的暗示作用。对孩子而言，父母具有绝对的权威。因此，父母的一句话，就可能使孩子完全否定自己，产生自卑心理。

洋洋出生于知识分子家庭，父母都是高级知识分子，大学里的教授。洋洋是独生女，因此爸爸妈妈把全部希望都寄托在她身上，希望他们的女儿和他们一样有知识，甚至超过他们。于是从洋洋很小的时候起，爸爸妈妈就给她制订了发展计划。当洋洋刚会咿呀学语时，父母就教她念英文。等洋洋长到三四岁时，她每天的时间就被父母安排得满满的。如早晨起床要练声，上午学知识，下午学跳舞，晚上练琴。洋洋的爸妈希望洋洋成为一个全才，所以对各方面的要求都非常严格。

洋洋起初的表现很出色，不论在幼儿园里还是后来的学校里，她都是一个活跃分子，老师同学们都很喜欢她。在德智体等方面，她都不会落于人后，但这样仍不能让她的父母满意，因为父母给洋洋定的标准是“永争”第一。每当洋洋拿着自己还认为满意的成绩单高高兴兴地回家时，得到的总是父母的训斥：“这道题怎么能错呢？这么简单，真是笨呀！”听到父母对自己的评价，洋洋伤心地低下了头。上小学一年级时，洋洋参加了全市的歌咏比赛，拿了二等奖。下台之后，她欣喜地向爸爸妈妈跑去，没想到面对的却是爸妈冰冷的面孔：“你看人家获一等奖的那个小朋友，嗓子多甜美，表情多自然，可比你强多了。你呀，真让我们失望。”可怜的小洋洋，流下了委屈的泪水。在这样的教育方式下，小洋洋慢慢地变了。这几年来，小洋洋仿佛换了一个人，原先她是一个特别开朗、调皮、聪明可爱的孩子，而现在她总是一个人独处，很害羞、胆怯，不和小朋友们一起玩；上课从来不主动回答问题，就是老师把她叫起来，回答也是含含糊糊、犹犹豫豫，总是说我不行、我不知道，再也看不到小洋洋那充满自信、活泼可爱的样子了。

自卑是人的自我意识的一种表现。自卑的人，往往不切实际地低估自己，只看到自己的缺陷，而看不到自己的长处。自卑的人，由于对自己各方面的评价都过低，因此害怕得不到别人的尊重，但又感到自己哪里都不如别人，丧失了实现自我的信心。她总是以别人为参照物罗列理由来说明自己的无知和无能。自卑会使人背上沉重的思想包袱，丧失前进的动力，进而影响人一生的发展。

如何纠正孩子的自卑心理？我们给家长的建议是：

1. 家长对孩子的要求要适当

帮助孩子建立自信，克服自卑，家长的要求要适当，不能苛求孩子，应该与孩子实际的能力和水平相适应。孩子取得成绩，家长应及时表扬、鼓励，使孩子对自己充满信心。对于平时学习成绩差、考试总不及格的孩子，家长应以关心和安慰的态度，帮助孩子分析错误原因，总结经验教训，给孩子以耐心的指导，一步步地提高孩子的成绩，让孩子看到自己的进步，渐渐树立起自信心。

2. 关心孩子的困难和挫折，帮助他们正确对待失败

孩子在生活中难免遇到失败和挫折，由于孩子承受挫折的能力很弱，对自己的评价还不客观全面，在困难面前就容易产生自卑。家长应及时了解孩子的心理变化，给孩子以指导，帮助孩子克服困难。

3. 丰富孩子的知识，开阔孩子的眼界

我们常常会发现当好多孩子在一起交谈时，有的孩子讲得津津有味，绘声绘色，有的孩子却只在一旁听着，一言不发。孩子之间为什么会有这么大的差别呢？这主要是因为孩子的知识面不同，有的孩子见多识广，有的孩子见识短浅，相比之下，那些知道的很少的孩子就容易产生自卑感。所以，家长应有意识地丰富孩子的知识，开阔孩子的眼界，提高孩子的能力。为此，家长可以指导孩子多读书，多接触新事物，广交朋友，让孩子觉得自己有知识、有能力，从而消除自卑心理。

4. 尊重孩子的自尊心

帮助孩子建立自信，树立孩子的自尊心十分重要。有的孩子自尊心很强，如果做错事，自己就很内疚。如果家长再对他冷嘲热讽，甚至拳脚相加，就会严重挫伤孩子的自尊心，孩子会“破罐子破摔”，越来越差。这时家长应关心、体谅孩子，对他说“人人都会犯错，只要知错就改，下次不犯就行了”。这样，孩子会排解消极情绪，越来越自信。自卑并不是一朝一夕形成的，克服它也需要一个过程。家长应该有信心，有耐心，有恒心。在家长坚持不懈的努力下，孩子一定会渐渐克服自卑感，建立自信，更加健康地成长。

坏习惯25. 孩子“自闭”的坏习惯

“人是社会性动物”，孩子早晚要走出家门面向大千世界。无论外界环境多么纷繁复杂，我们都应该勇敢地去面对，而不应该将自己封闭起来。因为“独自一个人禁闭是可以施加于一个人的最为严厉的刑罚的一种”。

古希腊著名哲学家亚里士多德曾经说过“人是社会的动物”，所以，人不可能独立于社会而存在。一个人必须在与他人的交往中完成社会化过程，使自己逐渐成熟。

周海是某市重点中学的初中生，品学兼优，老师们都非常喜欢她，常常会表扬她。她的父母对这个独生女儿更视为掌上明珠。但周海性格内向，和同学们的交往很少。

近来，文静温柔的周海好像和同学们更加疏远了，而且老师和同学们也发现了一个奇怪的现象：阴天和雨天，周海也和晴天一样，进进出出总是戴着一副墨镜，神色也总是很紧张。大家都疑惑不解，周海究竟怎么了？

周海自己也不知道为什么，她感到和其他人在一起，总有一种莫名其妙的心理压力，心好像要跳出来似的。为了减轻自己的心理压力，于是她买了一副墨镜，想借助浓浓的黑色去隔绝与他人的心理交流，以驱散心头莫名的恐惧。但是，她的心里还是感到很压抑、很紧张。周海觉得身心疲惫，人也日渐憔悴，学习成绩急剧下降。到底是什么原因使周海变成这样呢？

周海的父母都是知识分子，而且只有一个独生女儿，对女儿的教育非常严格，周海从小就养成了不大出门的习惯。周海的父母很爱干净，其他小朋友到她家来玩，如果把屋子弄乱，他们会非常不高兴，并告诉周海，下次不要把小朋友带到家来。于是，周海的朋友变得越来越少，她也越来越不喜欢和别人交往。等周海稍大一点后，父母又常对她说，外面很乱，坏人多，做什么事都要小心，常常叮嘱她晚上不要外出。一天晚上，她上完自习，独自一个人回家，发现在一个小巷子里，几个男青年正围着一个女孩纠缠。父母的叮嘱顿时变成了她亲眼目睹的事实。她吓得魂不守舍，拼命地跑回家，几天后仍噩梦不断，经过很长一段时间这种恐怖的感觉才慢慢消失。恐怖的意识虽然消失了，但恐怖的痕迹还是存在。每当周海看见异性，就会产生莫名的恐惧，在惶恐、矛盾、徘徊中，她渐渐把自己封闭起来。

自闭倾向指在有人的场合，特别是在有生人的场合，会感到心理紧张，有异常的恐怖体验，并伴有异常的行为表现，如心慌、不安、脸红、手足失措、手脚发冷、出汗、语无伦次等。有自闭倾向的人为了摆脱这种消极的情绪体验，往往把自己封闭起来，拒绝与别人交往。

自闭倾向的产生有主客观两方面的原因。主观原因在于有些儿童本身可能具有腼腆、内向、害羞的性格，这些特点不利于儿童与他人交往。客观原因主要来自于家庭教育。独生子女本来就由于社会、家庭等因素，出现了“不合群”的性格，如果父母不注意的话，不仅同意，而且还鼓励，甚至赞扬自己的孩子不与外界接触、不与同学交往，就像周海的母亲那样进行消极的“叮嘱”，使孩子在还未接触社会之前，就已经对社会产生了一种恐惧感，这是非常不利于独生子女成长的。另外，孩子在人际交往中的屡次受挫，也会使他逐渐回避与人交往。

孩子的这种自闭倾向对其成长有极大的危害，必须采取措施加以纠正。

1．消除孩子对社会的恐惧心理，鼓励孩子多接触社会

家长应该清楚地意识到，随着孩子的成长，他与外界的接触会越来越多，孩子是社会中的人，只有在适应社会的过程中，才能获得社会的价值观念、行为规范和知识技能，从而不断成熟。父母不应该因为社会太复杂，就总把孩子收在自己的“羽翼”之下，如果养成习惯，孩子会对社会产生惧怕心理，无力承受外界的压力，极易形成自闭倾向。家长应鼓励孩子多接触社会，孩子在接触社会的过程中，会遇到以前根本没有想到过的事情，通过对这些事情的解决，不断总结经验教训，使自己渐渐从稚嫩走向成熟。

2．接纳孩子的朋友

与朋友交往本来是孩子脱离父母视线、开始走自己路的开始，但如果父母仍固执地想让孩子按自己规定的轨迹走，就可能妨碍孩子成长的进程。

孩子们更多的是按照自己的需要选择朋友，他们需要在朋友那里得到的首先是安全感。有时孩子觉得朋友可贵的地方，父母不见得会看得到。父母不一定十分喜欢孩子的朋友，但也不能总是抱怨，否则会伤害了他的感情，使他变得无所适从，导致将自己封闭起来。我们可以在孩子谈到他的朋友的时候注意倾听，弄清孩子为什么喜欢自己的朋友，可以邀请孩子的朋友到家里来玩，与孩子分享交朋友的快乐。

3．教孩子正确看待交往中的挫折

孩子在交往中遇到挫折是难免的，但由于孩子的性格不同，对挫折做出的反应也不一样。有的孩子生性敏感，自尊心强，当他们遭到别人的拒绝时会很伤心，从而对与他人交往产生一种恐惧，渐渐变得退缩。家长应注意孩子情绪的变化，常常同孩子沟通，了解孩子与朋友交往的情况。当出现问题时，采取合理有效的方式帮助孩子解决，从而使孩子积极地与他人进行交往。

4. 走进大自然，让孩子在心灵上不再孤寂

有人说，城市的"都市化"是对孩子天性的扼杀。这可能有点极端。但也不可否认，我们的孩子在心灵上的封闭与城市生活的单调、生活节奏的紧张确实有关。作为家长，不妨抽出时间来，带孩子去感受大自然。这样，不仅有益于孩子的身体健康，还会让他们把心中的不快与压抑释放出来，渐渐变得豁达、开朗。

坏习惯26. 孩子嫉妒心强的坏习惯

嫉妒是一种消极、有害的心理。它会破坏人际关系，伤害同学间的友好感情，甚至会由于攻击情绪的发泄而造成悲剧。父母应努力帮助孩子摆脱嫉妒的纠缠，培养孩子宽阔的胸怀。

嫉妒是人类的一种普遍的情绪表现。嫉妒之心，人皆有之，即使是孩子也不例外。我们常看到两三岁的孩子看到妈妈抱起别人家的孩子，他就会很快地跑过去，闹着立即要求妈妈抱自己。虽说嫉妒是一种可以理解的正常情绪反应，但这并不意味着家长可以采取听之任之、放任不管的态度。因为经常的嫉妒反应情绪，会演变为人格的一部分。另一方面，孩子嫉妒心过强，也容易受外界的刺激，而产生诸多不良情绪，不仅影响进步，而且对身心健康极为不利。

卢刚事件，可能大家并不陌生。卢刚的学习成绩一直十分优秀，他于1986年赴美留学，据说他的博士资格考试成绩创下了爱荷华大学的纪录。就是这样一位优秀的学生，其行为却让人倍感震惊。

那是1991年11月1日下午，美国爱荷华大学的物理大楼三层的一间教室内，几个教授和研究生正在进行有关天体物理的讨论。3点30分左右，一直参加讨论的中国留学生卢刚突然从口袋里掏出一把手枪，首先对准自己的导师葛尔兹开了一枪，葛尔兹教授应声倒下。接着卢刚又不慌不忙地对准旁边的史密斯教授开了一枪，史密斯教授也倒在血泊里。之后卢刚把枪对准了自己的同学山林华，只听到“呼”的一声枪响。当教室里的其他同学被吓得目瞪口呆、惊慌失措的时候，卢刚匆匆离开了教室，跑到系办公室，一枪击毙了系主任。然后又走进行政大楼，向副校长开了一枪。最后的一枪，他是对准自己开的。

卢刚的这次行动，显然是他精心策划的。然而他作案的动机，竟简单得让人难以置信。他认为葛尔兹教授在毕业论文答辩时有意刁难他，致使他没有取得博士学位；另一个原因是，晚来一年的山林华不仅受到教授的青睐，而且还比他早拿到博士学位。最让他嫉妒并难以容忍的是，山林华还得到了他渴望得到的竞争优秀论文荣誉奖的提名。

面对这样惨痛的事件，不能不引起我们的深思。希腊的一位心理学家曾说：“嫉妒是一种十分自然的反应，每个孩子都会有。孩子的嫉妒心从很小的时候就会有反应。引起孩子嫉妒的原因极多，在很多情况下，这种嫉妒会达到折磨人的程度。”当然，嫉妒的范围也是很广的，包括嫉妒人、嫉妒事、嫉妒物。手段也多种多样，有的挖空心思采用流言蜚语进行恶意中伤，有的付诸手段卑劣的行动。实际上，嫉妒本身就是一种自私的表现，会使人在处理问题时完全以自己为中心、情绪化反应强烈、自控力差、缺乏理性，很难对事情的利弊做出恰当的判断。嫉妒对个人、集体和社会均起着耗损作用，是一种对团结友爱十分不利的情感。这种缺点如果保留到长大以后，那么孩子就很难协调与他人的关系，很难在生活中心情舒畅。因此对于家长来说，要注意纠正孩子的嫉妒心理，建议从以下几点着手：

1. 分析孩子产生嫉妒心理的原因

儿童产生嫉妒心理的原因是多样的，但归纳起来，主要是孩子内在的消极因素和外部环境的消极因素相互影响、相互作用的结果。如在竞争中受挫会导致他对成功者的嫉妒；因教师对他人的表扬而产生嫉妒；因自己容貌欠美、身材欠佳而对生理条件优越的同学产生嫉妒；因自己家境贫寒而对家庭社会、经济地位高的同学产生嫉妒等，再加上不当的家庭教育方式使得孩子渐渐缺乏自信，心胸狭窄。只有了解了孩子嫉妒心理产生的原因，家长才能有针对性地进行教育。

2. 帮助孩子形成正确的自我认识

“金无足赤，人无完人”，每个人都有自己的长处，也有自己的不足。所以作为父母，不但要正确地认识孩子，还要帮助孩子形成正确的自我认识。孩子都喜欢受到表扬和鼓励。表扬得当，可以增加他的自信，促进他不断进步；如果表扬不当，就会使孩子骄傲，不能正确地进行自我评价，甚至当有人说别人好而没说他好时，他就难以接受。例如人家取得了成就，便误以为是对自己的否定，对自己是威胁，损害了自己的“面子”。其实，这只不过是一种主观臆想。一个人的成功不仅要靠自己的努力，更要靠别人的帮助，荣誉既是他的也是大家的，人们给予赞美、荣誉，并没有损害自己。而孩子之所以产生嫉妒心理，是因为他还不能全面地看问题，不能对自己和他人进行正确的评价，这就要求父母在与孩子相处的过程中，要注意让孩子正确地认识自我。

3. 培养孩子分析思考问题的能力

教给孩子客观地看待和分析问题的方法，培养孩子分析思考问题的能力，不仅能使孩子正确地认识自己，正确地对待别人，还能使孩子的理智思考得到较好的发展。平时，家长要有意识地设置环境，创造氛围，让孩子从日常的生活中，从家长的处世哲学中，体会到“强中更有强中手”，“人人不如己，处处占上风，事事要拔尖”的人是没有的。如果家长设法使自己的孩子养成分析问题、研究问题的习惯，孩子的情感就会不断丰富，心理就会日趋成熟。这时，即使孩子对某人产生了嫉妒心理，也会很快被理智的思考所控制。

4. 培养孩子博大的胸怀

有嫉妒心理的孩子，往往有自身的性格弱点。如，与人交往时，喜欢做核心；当不能成为社交中心时，就会发脾气；不会感谢人，易受外界影响等。对有性格弱点的孩子，家长要悉心引导。在孩子面前，对获得成功的人多加赞美，并热情鼓励孩子虚心学习他人长处，积极支持孩子通过自己的努力去超越别人、战胜自己，使孩子的嫉妒心理得到正当的发泄。对遭到不幸的人给予同情，不可纵容孩子幸灾乐祸，以助长孩子的嫉妒心理。对孩子的挫折，要耐心地同孩子一起做认真的理性分析，帮助孩子找到失败的原因，支持孩子再做努力，绝不可让孩子怨天尤人，垂头丧气，一蹶不振。要使孩子经得起任何风吹浪打，对别人的成功感到由衷的高兴，对他人的不幸给予深切的同情，对自己的失败具有再造成功的信心。

坏习惯27. 孩子缺乏耐心的坏习惯

生活中有太多的事情是需要耐心和等待的，做事没有耐心的人，是很难成功的，因此家长应尽可能地培养孩子的耐性。

常听到一些家长抱怨说：“我这孩子并不比别的孩子笨，可就是没耐性，做事总是虎头蛇尾，半途而废。”针对这种情况，家长应该知道，孩子做事能否有头有尾，善始善终，其实质是面对困难能否克服的问题，是人的坚持性的体现。一个人的意志是否坚强，对他以后的学习、工作的成败有着重要的决定作用。作为家长，从小就应该注意培养孩子的耐心，也就是孩子做事的坚持性。

婷婷小时候真的很聪明、很可爱，她的妈妈也总这么夸奖婷婷。那还是在婷婷18个月的时候，妈妈本是无心地教婷婷学数数，没想到有一天妈妈带婷婷去商场，看到墙上挂着的价格牌子，婷婷竟自言自语地念出了“1、2”，妈妈这才发现孩子竟然记住了她平时在画板上写的1、2、3，欣喜之余，她打算开始认认真真地教婷婷学数字。

于是，妈妈去书店为孩子买了数字图，每个数字后面配上杯子、花朵、车子，煞是好看。婷婷看了一眼就喜欢上了，并且仔细地看着每一个数字和图案，摸了又摸，连吃饭的时候也不愿意放下手中的数字图。婷婷那天晚上数字没认识几个，倒把后面的图案——杯子、袜子、车子全认识了！经过妈妈的一再努力，孩子也仅仅记住了几个数字，如8、9。当然，能记住这两个数字也是有原因的，其中8和爸爸的发音有点相近，而9对婷婷来说，就更不陌生了，因为他经常听爸爸说要喝酒。对于其他的任何一个数字无论妈妈怎么教，婷婷都不肯学了。

婷婷的新鲜劲还没持续到3天，她就怎么也不肯坐着去认识那些枯燥的数字了，提起图案，她还能说出一些，但只要提到数字，她就会心不在焉地岔开话题，再逼紧一点，她索性就走了。

看到婷婷的表现，妈妈有些发愁了，怎么办呢？经过仔细的思考，妈妈认为孩子是厌烦了这个数字图。于是，她决定给孩子买其他类型的，试图以一种新的刺激来激发婷婷的兴趣，结果还是没有收到预想的效果。妈妈感到迷惑，感到有些不知所措了。

对于孩子而言，尤其是婴幼儿，做事不能坚持到底，注意力不集中、缺乏耐心是司空见惯的现象，这是幼儿发展过程中的一个显著特点。一般情况下，婴幼儿集中注意的时间是很短暂的，基本上在10钟左右。因此，父母大可不必为孩子缺乏耐心而烦恼不已。但是这并不意味着可以对孩子精力不集中、没有耐心这一特点放任不管，而应在掌握孩子身心特点的基础上加以正确的引导。

家长对孩子应该加以正确的引导，建议从以下几个方面入手：

1．培养孩子广泛的兴趣

我们都知道兴趣是人活动的动力，没有了兴趣的活动，一定是无效的活动。因此培养孩子广泛的兴趣是极为重要的。由于孩子的知识经验不足，他们感兴趣的东西也是很有限的，因此家长应尽量让孩子多接触新事物，培养孩子的兴趣。另外，为孩子选择的玩具和书籍，也一定要适合孩子。从内容上而言，难度要适中，过难过易都会挫伤孩子活动的兴趣。从量上而言，也要适度，如果同一时间提供的玩具量太多，很容易分散注意力。

2．让孩子学会集中精力

父母应有意地为孩子创设一些活动，使他们持久地沉浸在一种活动中，从而渐渐学会集中精力做事。如父母可以和孩子一起进行折纸、剪纸、搭积木等活动。在活动中，要尽量引导孩子并让孩子知道，生活中很多事是需要耐心和等待的。有时孩子饿了马上要吃，渴了马上要喝，想要什么玩具当时就要买，家长可有意延缓一段时间，不要立即满足孩子的要求，以培养孩子的耐心。

3．家长要做出榜样

很多孩子没有耐心，是因为家长对孩子做事的要求往往也是虎头蛇尾。因此家长首先注意自己不要形成做事半途而废的行为习惯；然后，再对孩子提出要求。在做一种新的活动之前，必须让他把正在进行的活动有个了解。如让孩子去洗澡，应在开始烧水时就告诉孩子画好这张画后，就去洗澡。然后，在孩子洗澡之前，别忘了认真检查画到底画完了没有，这就是培养孩子做事有始有终的良好习惯。另外，父母也应注意和孩子多进行交流，做孩子的伙伴。如果可能的话，可以参与孩子的活动，在活动的过程中，及时地鼓励、表扬孩子，如“你真了不起”，“你真行”，“你做得真好，下一次会更好”。父母的这些语言，对于孩子做事的坚持性是很有益的。当然一定要注意，不要以太忙为理由，而忽视做孩子的伙伴，有些父母甚至对孩子做出的努力不闻不问。这些对孩子耐心的培养都是极为不利的。

坏习惯28. 孩子虚荣心强的坏习惯

虚荣心是追求个人荣耀的一种欲望。这种欲望并不以现实为基础，虚荣心越强的人偏离现实就会越远。

每一个人都有自己的追求，不同的人目标也不一样。有的人追求事业成功，有的人追求物质享受，有的人追求精神满足，还有的人追求虚荣。虚荣心是一种不切实际的东西，有虚荣心的人总想凌驾于他人之上，并在虚荣心的驱使下渐渐迷失自己。

据有关调查表明，独生子女的虚荣心较强，在被调查的独生子女中有20%存在较强的虚荣心。虚荣心往往会导致孩子产生其他心理问题，如嫉妒、自卑、敏感，这些都会阻碍孩子的发展。

据报载，某市曾发生过一起重大的盗窃案，作案者是两位中学生。他们为了追求物质享受，与别的同学攀比，在虚荣心的驱使下，盗窃了一居民家中的52000元钱，然后乘船去上海，在短短的4天之内，挥霍掉了所有的钱。他们购买最贵的衣服，到最高级的饭店吃饭，住最豪华的旅店，并且专门租了一辆车带他们四处享乐，真是奢侈之极。

这个案件中的王涛生活在农村，自幼丧父，靠母亲一个人干活养家。虽然家庭条件不好，但妈妈从来不让王涛在吃穿上受委屈，凡是别的孩子有的，王涛都会有。她觉得孩子已经缺少了父爱，如果在物质上再比别人差，那就太可怜了。所以妈妈平时总是省吃俭用，而对王涛提出的要求从不拒绝。王涛在小伙伴中间算是很气派的一个，他感到很满足。从小学到初中，王涛的学习成绩一直很好，在妈妈和老师眼里，王涛是一个好孩子。

但是自从上了省城的高中，情况发生了很大的变化。高中的同学和他以前的同学家庭条件不一样。现在的同学他们的父母都是高收入者，花钱如流水，穿的都是名牌，用的都是精品。相比之下，王涛显得非常寒酸，以前的优越感再也没有了。王涛产生了严重失衡心理，他不甘心落于人后，于是他每次回家都向妈妈要很多钱，和同学们比吃比穿来满足他的虚荣心。起初妈妈还大方地给他，但后来妈妈实在承受不了，好几次都拒绝了他。王涛见妈妈这个经济来源断了之后，就动了邪念：“别人有的我为什么不能有，这不公平。”在这种想法的驱使下，王涛开始偷同学的钱，几次偷盗都没被发现，这更增加了他的侥幸心理。在金钱的诱惑之下，他越陷越深，最后伙同另一少年作案，被公安机关抓获，受到了法律的制裁。

王涛事件发人深省，他为什么会从一个听话的孩子变成一名罪犯呢？仔细分析一下，主要是虚荣心在作祟。虚荣心是一种表面上追求荣耀的自我意识。具有虚荣心的人，用扭曲的方式表现自尊心和荣誉感，追求表面上的好看和形式上的光彩，面子高于一切，不顾条件和现实去追求虚假的声誉。

孩子虚荣心形成的原因主要来自家庭。由于现代的家庭孩子少，父母怕孩子受委屈，于是对孩子总是有求必应。自己孩子穿的、戴的都不能比别人差，别人的孩子买什么咱家的孩子也得买，决不能让人家比下。于是在家长无意识的纵容下，孩子的欲望无限地膨胀。另外，独生子女的父母从溺爱孩子出发，总是爱讲孩子的优点，掩盖他们的缺点，甚至在亲朋好友面前常常夸耀自己的孩子，而对别的孩子往往妄加指责。由于孩子对自己客观评价的能力还很差，家长具有绝对权威性，慢慢地孩子就从家长眼里的“十全十美”变成自己心中的“十全十美”，再也容忍不了别人超过自己。

虚荣心强的孩子在个性成长中，常常会出现各种问题，如为了满足其虚荣心而常常说谎，情绪不稳定，不认真学习，缺乏意志力等。虚荣心强对孩子来说无疑是一种可怕的坏习惯。家长应采取必要的方法加以纠正。

家长应以身作则，不要同别人攀比，以免孩子模仿。父母是孩子的第一任老师，他们的一言一行都会影响孩子。所以，父母必须以身作则，为孩子树立榜样。首先家长要摆正自己的心态，不要同别人攀比，盲目追求物质享受。家长也不要总是给孩子买东西，习惯性地给孩子买各种礼物，因为如果形成习惯，孩子就会感觉他得到这些礼物是应该的，而且只要你不断地给他买，他的虚荣心就会不断地膨胀。

家长要注意孩子心态的变化，多给孩子讲道理。有的家长为了孩子不受委屈往往满足孩子的要求，还有的家长对孩子则采用先吼后打的办法。其实，最好的办法是多给孩子讲道理。告诉孩子，拥有名牌并不意味着拥有了较高的地位，只有依靠自己的努力取得成功，才能获得别人的尊重。教孩子根据自己的需要买东西，而不要为了同别人攀比，买自己不需要的东西；让孩子学会理性消费；可以把家中的收入支出讲给孩子听。

家长要创造机会，让孩子通过自己的劳动获得想要的东西。如果孩子的要求是合理的，那么家长可以为孩子创造一些机会，让孩子靠自己的劳动挣来的钱购买所需要的东西。如让孩子做一些力所能及的事，分担一些家务，然后从中取得回报。一分劳动一分收获，一滴汗水一点回报，让孩子知道仅靠不停地向家长张口要这要那，不仅不光彩，而且行不通。

家长要客观地评价自己的孩子。作为家长不应该过分夸大孩子的优点，也不要掩盖孩子的缺点。对那些符合道德规范的行为，家长应给予表扬，但应适度。因为经常性的表扬会使孩子认为这些并不是他应该做的，一旦这样做了，便能得到奖励。久而久之，孩子便养成了虚荣的坏习惯，而且越来越严重。对于孩子的缺点要及时指出，帮助孩子分析原因，并鼓励其渐渐克服。

第三章

千里之堤，毁于蚁穴

——态度决定学识

坏习惯29. 孩子学习懒惰的坏习惯

有人读了几年的书，就能写出很好的作品；有人念了一辈子的书，也写不出一篇像样的文章。懒惰就像一剂慢性毒药，让人丧失斗志，日渐消沉。本应朝气蓬勃的青少年会因懒惰成性而荒废学业。

惰性，人人都可能有，但很多孩子在学习中所反映出来的那种懒惰的思想行为尤其令人担忧。

上课听讲像听评书，不动笔、不动脑、不作记录；

写作业、交作业拖拖沓沓；

做题不抄题目，不写过程，只有答案；

读课文有气无力；

假期作业不到最后时刻不会去做；

抄写课文用省略句代替。

诸如此类的懒惰习惯导致孩子在学习上不思进取，不求上进，缺乏刻苦精神，渐渐丧失了学习的动力，对学习不感兴趣。长此以往，孩子就离学习这个圈子越来越远，精神萎靡不振，意志消沉。本是意气风发的青春少年就这样因懒惰而葬送了美好前程。对此，家长们心急如焚。

如何才能纠正学习懒惰的坏习惯呢？对家长提出以下几点建议：

1．从小培养孩子自主的性格和独立生活的能力

懒惰是一种不良习性，很多孩子对父母都有依赖性，当依赖性发展到一个极端就成了懒惰。因此，家长要适时控制孩子对父母的依赖心理，不能任由其发展。孩子自己能做的事，家长决不能代劳。作为孩子，不要一

遇到困难就找家长，而应该先由自己独立处理。学习也是这样，有疑难问题，先自己解决，不要动不动就向老师、家长求助。同时要磨炼孩子的意志，坚强的意志力是克服懒惰的力量。

2．激发孩子对学习的兴趣

有的孩子学习懒惰，是因为对功课不感兴趣。没有浓厚的兴趣，就没有学习的动力，于是就懒懒散散地对待学习。这时，家长要从各方面激发孩子对学习产生兴趣，“兴趣是最好的老师”。丰富有趣的内容，灵活轻松的学习方法会令孩子感兴趣。有了兴趣，学习就容易了。

3．为孩子确定一个短期容易达到的目标

有时候，孩子因为懒惰造成学业停滞不前，甚至倒退。家长可以给孩子提一些难度小、短时间即能达到的要求，让孩子获得一定的成就感，这种成就感会促使孩子继续努力。这样学习下去，孩子在达到了一个个目标以后，懒惰的习惯就逐渐被克服了。

4．教给孩子恰当的学习方法

学习方法欠妥，即使十分勤奋刻苦，也可能学不好，时间一长，孩子就会对学习失去兴趣或者产生畏难情绪，逐渐疏于学习，变得懒惰，没有上进心。因此，家长应该教给孩子符合学习规律的好方法。例如：教孩子合理运用时间，制定切实可行的学习计划等等。孩子一旦发现适合自己的学习道路，就会很有兴致地坚持走下去，那么，懒惰的毛病就无所依附了。

5．监督孩子严格执行学习安排

有些孩子虽然也制订了学习计划，但没有严格执行。当天的学习任务必须当天完成，不能拖拖沓沓。否则，学习效果就会大打折扣。

6．给予孩子最大的鼓励

学习的过程很枯燥，如果缺少鼓励，孩子就很难把学习的兴趣保持下去，从而变得消沉、懒散。因此鼓励是必不可少的，哪怕孩子有一丁点进步，家长都应该不遗余力地鼓励他，为他摇旗呐喊。在孩子失败的时候，鼓励就更重要了，哪怕一句安慰的话，也会让他信心倍增。

坏习惯30. 孩子半途而废的坏习惯

学习是一个漫长的过程，不可能一蹴而就，其中必然要经历诸多挫折，遭遇诸多困难。许多孩子就在这很多阻挠面前停了下来，最后半途而废，放弃了学业。

日常生活中，我们常见到有些孩子尤其是独生子女学习没有恒心，不是虎头蛇尾，就是半途而废，不能持久，不能善始善终。

很多孩子都喜欢在每一个新学期开始时，为自己制定一个学习计划。最初几天还能完全按照计划学习，到后来，却渐渐松懈下来，最后甚至完全抛开了原定的学习计划。半途而废是一种严重影响学习效果的不良习惯。

调查显示：大多数学龄孩子在学习上都有这种半途而废的不良习性。课堂听讲，前20分钟比较认真，后20分钟就坚持不下去了；做作业一遇到疑难问题就打退堂鼓；作文前几段文字书写工整，到后面就渐渐变得凌乱潦草，以至成了无人能识的“天书”；原打算坚持每天早读1小时英语单词，刚开始有新鲜感还能坚持，过一段时间就放弃了。

学习中的半途而废对学习效果影响极为严重，同时，更不利于孩子健康、规范、严谨的学习作风的形成，它所造成的后果不仅严重，而且遗患无穷。因此，每个家长对孩子的这一坏习惯不能掉以轻心、视而不见或迁就放任，要引起足够的重视。

一个远足者去远游。他可以没有水，可以缺少食物，可以没有火车飞机……很多东西都可以没有，但有一样东西是决不能缺少的，那就是持之以恒的精神。只要能坚持，一直走下去，迟早都会抵达目的地。坚持的结果就是成功的来临，成功总在坚持之后。

王羲之经年累月苦练书法，成就“天下第一行书”的盛名；达芬奇画蛋在单调枯燥的动作中坚持下来，成为享誉世界、流芳百世的艺术家；因为坚持，登山者才攀上珠峰；因为坚持，张健才征服了英吉利海峡；钱钟书坚持每天进阅览室，才有“横扫清华图书馆”的豪言壮语，成为学贯中西的大学者；高考状元刘伟琳多年来一直坚持记日记，才有高考场上文质兼美，获得满分的优秀作文。

假如他们都半途而废，没有坚持到底，恐怕若干年后，后人的记忆里又会少几页辉煌的篇章。

学习就是一个坚持的过程。坚持到底，学业必然有成。正如巴斯德所说：我唯一的力量就是我的坚持精神。

对家长提出以下几点建议：

1. 培养孩子持之以恒的意志力

对于意志力差的孩子，家长要注意激励他们，锻炼他们的意志力。当孩子遇到难题准备放弃时，家长要给他打气，鼓励他想办法坚持下去，遇到任何困难，都不能轻言放弃，要耐着性子坚持到底。孩子有了较强的意志力，有了不甘落后的决心，那么学习就有了强大的动力，学习起来就会坚持不懈，一气呵成。

2. 学习目标要适合孩子的能力水平

许多孩子学习之所以半途而废，有一个很重要的因素，是家长、老师给他们的题目太难，目标太高，孩子即使用尽全部力量都无法顺利完成，这会对孩子的自信心造成极大的伤害。失去自信心，孩子又怎能坚持学习、毫不懈怠呢？

3. 家长要降低对孩子的期望值

家长们望子成龙、望女成凤的心情急切，对孩子寄予厚望，希望孩子将来大有作为，干一番惊天动地的大事业。虽然家长们的愿望是好的，但这会给孩子造成沉重的心理负担，从而挫伤他们的积极性，孩子就会产生消极、逃避的心理，最后也会导致学习半途而废。因此，家长要根据孩子的实际情况，调整自己对孩子的期望值，减轻他们身心上的压力，让孩子有一种“跳一跳，就可摘到果实”的感觉。这样，孩子就会在一个宽松的环境中一直走下去，学透彻，学精到。

4. 家长要监督、引导、鼓动孩子学习

任何孩子都有惰性，在学习的过程中，免不了偷懒而停下来，或者在学习中遇到解决不了的问题而沮丧颓废，以至放弃。因此，家长应对孩子的学习过程进行监督、鼓动，并适时给予指导，帮助他们克服惰性、克服软弱、增强信心，保持学习的连续性。长期坚持下去，孩子就会养成持之以恒的习惯，也就不会出现半途而废的现象。

坏习惯31. 孩子浮躁的坏习惯

荀子曾说，“螃蟹浮躁，寄人篱下”。按此理，人若浮躁，则无处容身；学习浮躁，则学无所成。

一只喜鹊、一只啄木鸟都在树林里觅食。喜鹊“叽叽喳喳”叫个不停，从这棵树飞往那棵树，东找找、西寻寻，却一条虫子都没找到；而啄木鸟默默地跟在喜鹊后面，一旦发现病树，就停下来专心致志地寻找，直到找到虫子为止。最后，喜鹊因为浮躁饿了肚皮，啄木鸟因为专一有了收获。再看看我们的孩子，其中也有不少“喜鹊”。

森森参加了学校的绘画兴趣小组，没学几天，觉得足球运动最流行，于是改学足球；又过不久，感觉踢足球太累，想学一点轻松的，就上了剪纸班；但剪纸又太繁琐，于是转学钢琴……这样，森森不断地换班，始终没有静静地坐下来，专心学好一门本领。一学期结束，森森发现自己什么也没有学会。

人一浮躁，就静不下来，就不能专心致志地工作、学习。一会儿想这，一会儿想那，做任何事，包括学习都是蜻蜓点水、浮光掠影，不踏实。像森森那样的孩子还不少。他们在学习中不愿实干，喜欢幻想，心绪不宁，烦躁不安，想得多，做得少，结果到头来一无所获。所以，要想学有所成，必须拒绝浮躁，做到学习时用心、专一，少说废话，多干实事。

学习是一个在新领域中不断探求、不断进步的过程，它要求有严密的思维、踏实的行动。消除浮躁的感觉，把心思收回来，才是成功的秘诀。

著名音乐家傅聪成名前在英国留学，有一段时间感到莫名的烦躁，静不下心来学习。他在国内的父亲傅雷听说后，给他去了一封信，信中有这样一句话："要经得住外界花花绿绿的诱惑，要沉下心来，坐得住冷板凳，才能保证心灵的通道畅通无阻，才能让知识直抵内心和脑海。"

"心有浮躁，犹草置风中，欲定不定。"这是国学大师陈寅恪在一次演讲中送给青年学生的话。他告诫青年学子不能浮躁，要自定心神，集中精力，专注于功课。如此才能有进步，才能有所成就。

现在的孩子生活在一个五彩缤纷的世界里，各种新奇玩意，奇门巧类，多如牛毛。孩子很容易分散精力而被吸引过去，对于学习就难以全神贯注、专心致志地进行，就会出现"身在曹营心在汉"的现象。这样学习，怎么会有效果呢？因此，学习要克服浮躁，脚踏实地。

对家长提出以下几点建议：

1. 为孩子营造一种宁静的学习氛围

外面的世界很精彩，孩子容易受到影响，难以专心学习。家长一方面要注意防止新奇怪异的事物影响孩子的注意力，另一方面要主动为孩子营造一个安静、少干扰、少诱惑的学习氛围。

2. 正确引导孩子的好奇心

没有哪个孩子不具有强烈的好奇心。好奇心可以促使孩子探求、研究新事物，培养思考问题、解决问题的能力。但若不正确引导，孩子的好奇心有可能成为产生浮躁情绪的根源。家长不能任由孩子的好奇心随意发展，而要把他们的好奇心引入对问题、对事物、对现象的深入探讨中，让孩子对深层次、更本质的内容产生好奇，从而锻炼孩子的思维能力，提高孩子的思维水平。

3. 帮助孩子调节心理状态

当孩子因学习而心情烦躁的时候，可以让孩子先把功课放一放，听一曲优美、舒缓的音乐；可以带孩子出去散散心，减轻他心理上的负担，让他的心情平静下来，以更充沛更集中的精力重新投入到学习中。如此，孩子就会心无旁骛，专注学习，浮躁之心自然就消失了。

坏习惯32. 孩子不能正视自己缺点的坏习惯

和自己的缺点战斗虽然十分辛苦，我们仍必须去向自我挑战。战胜自己的缺点，是促进人们成长的一条捷径。

威尔太太正读高一的宝贝儿子又给家里惹了点儿小麻烦，却又远不是从前因为好奇把学校水池里的鱼抓出来晒太阳那么简单。“我要调班！”儿子气势汹汹地对母亲说。（看看，每个在班级生活里不如意的孩子都会想到用这一招，好像随手拿来一只苹果似的那么简单）“我讨厌语文老师，那个没有水平的家伙，不配做我的老师。”儿子咬牙切齿地说。因为“没有水平的家伙”这次又给他的作文打了60分，这已经是本学期第三个60分了，“是可忍，孰不可忍”，这个男孩子的确有些愤怒了。于是，今天的语文课上，毫无防备的语文老师在讲读《春江花月夜》时因磕巴混乱遭到了男孩几声冷笑，以此为导火索，两人唇枪舌剑，男孩撕掉了这次又被“枪毙”的作文以示抗议，在全班“惊佩”（这是男孩自己的用词）的注视中昂首阔步，潇洒离校，一时传为“酷谈”，当然这是在他奋笔疾书了4份检讨书之前的事情。

于是威尔太太带着儿子去找心理专家。心理专家分析了孩子的症状后给他讲了下面的故事：

好蛤蜊，坏蛤蜊？

一个人回忆自己童年的时候说，自己最喜欢做的一件事情就是帮妈妈检查买回来的蛤蜊有没有坏的。因为，蛤蜊的外壳看起来都差不多，但是如果一不小心让一个臭掉的蛤蜊混在新鲜的里面，那整锅汤就糟蹋了。因此，虽然是一件小事情，意义却非常重大。检查的方法是左手先拿住一个蛤蜊，再用右手捡起其他的蛤蜊，一个一个地敲敲看，如果敲出的声音是结实的，就是新鲜的；如果声音是虚的，有点沙哑，不管它的口闭得有多么紧，还是臭蛤蜊。

有一天，母亲买回一包蛤蜊，又由他来做“鉴定”工作。出乎意料的是，居然“所有的”蛤蜊都是坏掉的！他简直不敢相信自己的耳朵。他一个一个地再敲过一遍，仍然没有一个是好的。那种感觉就像是一个警察去公共汽车上抓扒手，结果发现一车人都是扒手！母亲对此也非常惊讶，因为那个卖蛤蜊的人从没有骗过人。于是她亲自动手检查，这才发现原来抓在孩子手中的那个蛤蜊是坏的——难怪敲起来声音全都不对劲儿！

于是，蛤蜊的记忆伴随了这个人一生。尤其是在他觉得周围的人有让他不能忍受的缺点时，这个当年最喜欢挑蛤蜊的孩子就会扪心自问：“会不会我就是那个坏掉的蛤蜊？”因为按照常理，一个人不会只遇到坏人，周围的人总会有些友善、有些不友善，这样的几率最大。那么，自己同样可以是那个不友善的人，总是用自己的标准去检查、衡量周围的人，看起来自己对大家都不满意，而实质上最让人不满意的人就是自己呀！

时刻都不要忘记，自己很可能没有想象中的那样好，而别人也没有你想象中的那么差。我们有两个抉择方向：一是让自己“装”得更好，免得别人看起来更差；另一选择就是一开始就学着认识自己的不足，学着去欣赏别人。

事情真正的结局是，威尔太太的儿子开始反省自己的不足了，“也许老师是对的，她是为我好”。能够首先认识到这一点就说明他至少还不是一个不可理喻的孩子。那么，剩下的时间就留给他了。

为此，对家长提出以下几点建议：

1. 及时检讨自己的缺点

家长是孩子最好的老师，你的行为是否做到率先垂范了呢？对于自己的缺点，你是否敢在孩子面前说“呀，是我的错”呢?

2. 给他反省的时间

在某些时候不要在乎孩子过激的情绪，你要用包括自己的肢体语言（比如眼神）在内的一切告诉孩子：“你现在需要反省！”在这个阶段，你可以采取“冷冻”的方式。尽量不和他谈话（当然这是在一通你认为十分恳切但又收效甚微的谈话之后进行的），给他充分反省的时间。

3. 给他推荐一些人生哲理小品

刘墉的《萤窗小语》和卡耐基的“成功之路”丛书都是不错的选择。因为在那里我们可以感受到理性的光芒、睿智的头脑和敏锐的眼光。

坏习惯33. 孩子羞怯的坏习惯

羞于表达的人总是为自己的沉默找到上千条理由而眼看着机会白白溜走。其实大可不必用想象给自己制造困难，准备行动就是了。

很多事情并不像我们想象的那样困难。你的孩子说，“我的性格内向，在众人面前不敢表达，一开口就脸红，不擅言谈，磕磕巴巴，语无伦次……”天呐，世界上一切形容羞怯者的词好像都能跟自己扯上关系似的。总之，孩子对自己的状态是那样的不满意，尤其是在老师提问到自己头上或者是课堂讨论的时候，他总是觉得那教室里再也找不出比自己更紧张的人了。事实上，因为羞怯会让他在学习上失去许多参与、交流的机会，更会让他失掉自信心。而且，更为可怕的是，这种影响往往会伴随一生。

有个叫琼斯的新闻记者，总是非常羞怯怕生。有一天，他的上司叫他去采访著名的大法官布兰代斯。琼斯知道后大吃一惊，犹豫了很久说道：“我怎么可能要求单独访问他呢？布兰代斯并不认识我，他怎么可能接见我呢？”在场的另外一名记者立即拿起电话，拨通了布兰代斯的办公室，要求和大法官的秘书讲话。他说：“我是明星报的琼斯（此刻，琼斯在一旁大吃一惊），我奉命访问法官，不知道他今天能否接见我几分钟？”他听完对方的答话，然后说：“谢谢你，那么一点十五分，我会按时到达。”放下电话，老练的新闻记者对琼斯说：“好吧先生，你的约会安排好了。”

事隔多年，琼斯仍旧对这件小事念念不忘。他说：“从那时起，我学会了单刀直入的办法，做起来虽然不那么容易，却很有效果。如果能在第一次克服心中的畏怯，那么下一次就会容易得多了。”

这个故事看来很适合那些常常认为自己口才拙劣的人来读，因为可以从中看到，大胆说出你想要做的事情，有什么说什么其结果不但是简单的，而且的确是有效的。一句话，怕什么，并不是想象中的那样困难！不是吗？想想看，孩子为什么会在老师提问的时候心里那么紧张呢？怕说错，这是第一。更怕别人的反应，例如同学们嘲弄的眼神或者笑声。可是，有一点我们心里都非常清楚：我们不是为别人的眼神而活着。我们的每一次回答或者参与，并不会因为暂时的错误而使自己作为人的价值受到贬损。这个道理是从一位著名演说家那里得来的。这个聪明的人有一次在做公开演说时掏出了20美元钞票，问在场众人谁愿意要。举手的人很多。后来他把钱揉皱，问了同样的问题，举手的人依旧很多。最后钞票被丢在地上，演说家狠狠地踩上一脚，第三次问起那个问题。猜猜看会如何？当然还是有人举手。“你们已经上了有意义的一课，”演说家说，“无论我们怎样对待那张钞票，你们还是想要它，因为它并没有贬值，仍旧是20美元！”接下来的话就更加意味深长了。他说：“在人生路上，我们会无数次被自己的决定或碰到的逆境击倒、欺凌甚至碾得粉身碎骨，我们似乎觉得自己一文不值。但是无论发生了什么或者是将要发生什么，在上帝的眼中，你们永远不会丧失价值。生命的价值不依赖我们的所作所为，也不仰仗我们结交的人物，而是取决于我们本身！”最后，演说家意味深长地说：“你们是独特的——永远不要忘记这一点！”

作为家长，应该让孩子知道，他在学习当中所遇到的最大障碍不是智慧或者什么别的能力因素，只是羞怯，它让孩子的学习总是处在被动之中，被动地回答问题、被动地参与讨论、被动表达自己的观点、被动地被机会看中却又眼睁睁地看着它地溜走……但愿他在某一次面红耳赤、吞吞吐吐的时候会记得提醒自己“嘿，为什么要怕呢”，然后用最简洁的话，用让在座每一个人都能听清的声音说出自己的看法，自己的见解。另外，在回答或者讨论之前，最好适当做些准备。例如为了防止紧张造成的大脑“断档”现象，可以简单列一个发言提纲，标出所要涉及的关键词、关键事例。帮助你的孩子走出羞怯吧！

为此，对家长提出以下几点建议：

1. 模拟课堂

在家里设置“模拟课堂”。让他大声地诵读课本、小说、诗词，什么都可以。

2. 设置问题

对于羞于表达自己观点的孩子，我们不要强迫他开口，可以设置很多问题让他自己讲话。

3. 鼓励原则

不管孩子在你看来表达得有多么差劲，记住首先要做的是对他的开口行为本身进行鼓励。

4. 参与原则

给孩子创造尽可能多的参与机会。

坏习惯34．孩子爱挑别人“刺”的坏习惯

一个毫无教养的粗人，可能仅仅因为一个过路人踩了他一脚，就把这个人看做是世界上最可恶最卑鄙的坏蛋。然而，拔除挑刺者心中的刺，比起对他们的指责来要有意义得多。

作为家长，不会希望自己的孩子成为爱挑刺的不受欢迎者。就像我们不愿意自己身边的同事或者上司是个爱挑刺的人一样。这样的人在他周围的人际环境中得到的社会评价非常之低。

从前，有个脾气很坏的小男孩。有一天，他的父亲给了他一大包钉子，要求他每发一次脾气都必须用铁锤在他家后院的栅栏上钉上一颗钉子。第一天，小孩一共在栅栏上钉了37颗钉子。过了几个星期，由于学会了控制自己的情绪，小男孩每天在栅栏上钉钉子的数目逐渐减少了。他发现控制自己的坏脾气比起往栅栏上钉钉子要容易得多……最后小男孩变得不爱发脾气了。他把自己的转变告诉了父亲。他的父亲就又建议说：“如果你能坚持一整天不发脾气，就从栅栏上拔下一颗钉子。”经过一段时间，小男孩终于把栅栏上所有的钉子都拔掉了。父亲拉着儿子的手来到栅栏边，对孩子说：“儿子，你做得很好。但是，你看一看那些钉子在栅栏上留下的那么多小孔，栅栏再也不会是原来的样子了。当你向别人发过脾气之后，你的言语就会像这些钉孔一样，会在人们的心灵中留下疤痕。这就好比用刀子刺向了某人的身体，然后再拔出来。不管你说多少次对不起，那伤口都会永远存在。”

这是一位成功的父亲，他用很独特的方式告诉孩子自己的不当行为造成的危害程度有多大。实际上，面对一个不容易自我控制情绪、容易心理失衡、喜欢挑刺的孩子，我们要做的事情首先应该是理解，不是要你对此不闻不问，而是去了解形成这种习惯的成因是什么。

挑刺的孩子虽然在给别人挑刺，但是实际上我们可以很明白地看到，他们自己的内心其实就是有刺的。这种行为本身就像一个长了毒疮的人，拼命挤破自己的毒疮并且想把脓水溅到每个人身上。因而，拔除挑刺者心中的刺，比起对他们的指责来要有意义得多。

1．顺坡下

听到你的孩子又在挑别人的刺，你可以顺着他的意思往下说，然后在问题的终端否定。

2．让他自己来

在某些情况下可以让他自己来。比如孩子抱怨衣服洗得不够干净，那么就不要再为他服务，让他自己去动手体会“做并没有说的那么简单”。

3．给他挑刺

在一段时期内，如一星期内，天天给孩子挑刺。比如：“看看你的作文，虽然得了90分，可是我觉得还是写得太差了！尤其这一段，太糟糕了。”接下来的一个星期每天给他鼓励，让孩子在两种态度的对比反差中认识到挑刺的坏处。

4．汇编孩子的“挑刺语录”

你可以把孩子常常挂在嘴边的挑刺话用醒目的颜色写在很多小纸条上，贴在他的卧室和洗手间里，督促他注意改正自己的坏毛病。

坏习惯35．孩子爱说风凉话的坏习惯

一座卓然而立的塔，不会因为暴风而倾斜；对别人说长道短的人，却往往在一吐胸中之快的同时，被其所言砸了自己的脚。

有一个蜜蜂和天神的故事很有意思。一只蜂房里的蜂后从海米德斯山飞上夏林比斯山，把刚刚从蜂房里取出来的蜜敬献给天神。天神对蜂后的敬献非常满意，就答应给她所要求的任何东西。蜂后于是请求天神说："请你给我一根刺，如果有人要取我的蜜，我便可以刺他。"天神很不高兴，因为他很爱人类，但是因为已经答应，不便拒绝它的请求，于是天神回答蜂后说："你可以得到刺，但是那刺留在对方的创口里，你将因为失去刺而死亡！"这个故事的道理再简单不过：每个人都有保护自己利益的权利，但是如果用有毒的"刺"去伤害别人，那么就像俗语说的，自己也会遭报应。

在人类社会中，类似蜂后的人也不少，言语中充满"毒刺"更是司空见惯的现象。许多家庭对子女的日常德行教育远远不够，使孩子往往对别人的优点熟视无睹，也就是说，他们根本没有学会去欣赏别人。试想，有哪一个人愿意与爱讲风凉话、语言刻薄者为友呢？更为可怕的是，爱讲风凉话从一个侧面反映出了一个令人难堪的事实：这不是一个嫉妒心强的孩子，就是一个没脑子、好冲动、不计后果的孩子。相信每一位家长都不会愿意看到自己的孩子在技不如人的时候，对自己的稍逊一筹不加反思，

反而去打击别人，这样做的结果只会让孩子在他周围环境中的公众影响更糟糕，自己与别人的差距更大。因此，我们在培养孩子众多诸如乐观、坚毅、独立、勤奋等意志品质的时候，更要培养他的开放精神，很重要的一个方面就是欣赏别人，学会赞美别人。

学会赞美别人，其实也是在为自己的前进铺路。没有不喜欢赞美的人，更何况是由衷的赞美呢？在学校的时候，每一门成绩揭晓的时候，最紧张的只有两种人，一类是成绩不好的学生，他们害怕自己的分数又低得让人羞愧欲死；还有一类是成绩太好的学生，因为他们的成绩优秀得足以参评奖学金，但是烦恼也会随之而来。不信么？那些和自己关系不远不近的朋友往往会说："请客吧！拿到奖学金不会那么小气吧！"（隐含意义：反正花你的钱，不花白不花；得不到奖学金，那就"宰"你一顿好了）口气不阴不阳，讲话不软不硬。李阳中学时就常常为这样的烦恼所困，因为她是一个成绩非常好却又不怎么懂得适当拒绝的人，加之有点"老好人"脾气，因此每次都是"必宰"对象。这是一种十分奇怪的逻辑，李阳中学时连续几年一直都是班级第一，而那些每次因为她的好成绩而愤愤不平的人总是原地踏步。是否可以这样讲，他们赶超优秀者的信心与勇气都在无意义的风凉话和嫉妒心里消失殆尽了呢？

事实上，正因为大多数人都没有充分利用人类最大的智能——认识自己，因此我们一生之中就要花相当多的时间去不断碰壁和反省。

为此，对家长提出以下几点建议：

1. 委婉地批评

听到孩子讲别人的风凉话，要用你的方式告诉他"你错了"。比如在公开的场合，可以用眼神狠狠瞪他一眼或者采取其他的示意方式。尽量不要大声呵斥，这样只会激起他的逆反心理，让场面更加尴尬。

2. 补偿措施

孩子得罪了人，不要采取无原则的原谅，要让他对自己的所作所为负责。情节严重的话，必须强迫他去道歉。“你必须去，妈妈（爸爸）可以和你一起去，但是道歉的话得你自己说！”

3. 教他赞美

以身作则是最好的办法。不要在孩子面前讲别人的风凉话。你可以说：“知道吗？今天我看到了美美的妈妈，她说美美经常夸你的作文写得漂亮极了。那么，你对美美的印象呢？”

坏习惯36. 孩子爱抱怨老师的坏习惯

“他是一个偏心眼儿的家伙”，是的，也许是如此吧。可是，如果一个人偏要自己跟自己作对，那就没法搭救他。

张静在学校里学习成绩不好，而班主任老师偏偏又是一个“唯成绩论”者，因为自己是数学老师，甚至认为只要数学成绩好的学生就是好学生，平时也就格外器重。可是张静恰恰对理工科没有兴趣，重文轻理的倾向非常明显，所以一直得不到老师的赏识，而且常常觉得老师故意刁难自己。张静也曾经想过调换班级，但是她所在的班级是年级里公认的“群英荟萃”，家长并不希望她到普通班去。为此张静一直郁郁寡欢，对班主任老师分外鄙夷，学习兴趣非常淡薄。

相信本书的读者之中有相当数量的人都有类似这位家长的困扰，这的确是一件棘手的事情。如果你现在有时间和耐心的话，就一口气把这篇文章读完吧！因为下面将要提到的这个小故事还是蛮感人的，或许还会对你有所帮助。

日本国民中广为传颂着一个动人的小故事：很多年之前，一个妙龄少女来到东京帝国酒店当服务员。这是她涉世之初的第一份工作。因此她很激动，暗下决心：一定要好好干！可是意想不到的是，上司安排她洗厕所。这件事肯定没有人乐意干，何况这个女孩一向喜爱清洁，没有干过粗活。因此每次洗马桶对她来说都是无比痛苦的事情。而上司的要求十分严格：必须把马桶擦洗得光洁如新！她十分清楚自己不适合这一工作，“光洁如新”的要求实在难以达到，因为在她看来那是不可能的。于是她想换一份工作。这时，单位里一位前辈及时出现在她面前帮她摆脱了困境，更重要的是帮她认清了人生之路的走法。那个人没有任何空洞的说教，只是亲自做了个样子给她看。首先，他一遍又一遍地清洗着马桶，直到抹得光洁如新；然后，他从马桶里盛了一杯水，一饮而尽，毫不勉强。他不用只言片语就告诉了少女一个极为朴素的道理——只有马桶中的水可以达到“喝”的清洁程度，才算是把它洗得“光洁如新”——而这一点已经被实践证明是完全可以办得到的！同时，他送给她一个含蓄而富有深意的微笑，用鼓励的目光看着她，这已经足够了。因为她早已经激动得不能自持，从身体到灵魂都在震颤。于是，女孩痛下决心：“就算一生洗厕所，也要做一名洗厕所最出色的人！”

从此，她成为一个全新的、振奋的人，为了检验自己的自信心和工作质量，她也多次喝过马桶里的水。几十年光阴转瞬即逝，那个女孩正像我们所希望的那样，她成功了。她的名字叫野田圣子，是日本的邮政大臣，没错，就是当年在帝国酒店发誓当一名出色的洗厕所工人的女孩。

这个故事的确给了我们希望和怎样把理想转化为现实的方法。洗厕所的女孩之所以没有去抱怨上司的“不合理”（在很多人看来应该是这样的）分配，相反这成为一种促使她成功的动力，很关键的一点就在于那位前辈的言行。那是一个没有抱怨、严于律己的典型。

抱怨他人的人永远会找到抱怨的理由，他会把不成功、不快乐永远归咎到别人身上，尽其所能地找到借口。其实，这又何尝不是一种逃避呢？即便真的存在不合理的情况，抱怨的情绪不但于事无补，反而还会让自己对所做的一切产生怀疑、乏味等消极情绪。因此，抱怨别人实质上是在跟自己作对。“一个人如果自己跟自己作对，就没有办法搭救他”，这是列斯科夫说的。如果你的孩子也被抱怨的情绪困扰，那么请把这些话告诉他吧！

为此，对家长提出的几点建议：

1．倾听原则

不管你的孩子抱怨什么，都不要“一棍子打死”，倾听是很好的沟通方式。倾听有时比你在口头上100次敷衍式的夸奖都来得有意义。

2．设身处地

换位思考，站在孩子的角度想一想这种抱怨是不是有道理的。但这并不意味着你也参与到抱怨的行列中去。如果是那样的话，你首先要自我反省一下了。

3．表明态度，以身作则

告诉孩子自己对其抱怨的看法和意见。告诉他抱怨对事情本身的解决是没有任何意义的，而且爱抱怨的人是不受欢迎的。

4．讨论协商原则

和孩子讨论一下“你喜欢的老师是什么样的”诸如此类的问题。在这个过程中告诉孩子，“金无足赤，人无完人”以及“包容”、“理解”等的道理，最重要的是让孩子正视现实。

坏习惯37. 孩子偏科的坏习惯

学习偏科对孩子的全面发展是不利的，所以，父母不应纵容孩子偏科，而应想方设法帮助孩子纠正这一习惯。

李明是初中二年级的学生。在老师和同学们的眼里，他是个“怪才”，他的数学成绩在全年级一直名列前茅，但语文成绩却一直不佳。尽管父母常常督促他在语文学习上多下些工夫，但效果甚微。李明个性很特别，他虽然数学很好，但却常常不交作业；解题时经常不按老师的要求写出解题过程，而只给出答案。他有点儿孤僻，很少与人交往；对自己感兴趣的事，他可以达到废寝忘食的程度，对不感兴趣的则不加理睬。

在大多数人的眼里，聪明的、有天赋的孩子应该是全面发展的，应该门门功课皆优。在中小学，还有一个传统的做法，那就是只有学习成绩好的学生才能当班干部。似乎表明学习成绩好的学生一定同时具有组织和领导才能，而且也只有他们才能管理好班级。

这种“全或无”的想法背后潜存着一种假定：人的智力是综合性的，一个高智力的孩子应该各个方面都有天赋，应该是“全才”。

然而，在现实生活中，我们却常常见到这种情况：有些孩子在某一领域表现得十分优异，可以用“极具天赋”来形容，但在另一领域却表现平平，有的甚至毫无驾驭能力。

哈佛大学著名心理学家加登纳提出，人类至少存在八种智力。

一是语言智慧：指对语言文字的感受、理解和运用的能力。

二是数理—逻辑思维智慧：数量逻辑、运算和抽象思考的能力。

三是视觉空间智慧：以三维空间的方式进行思考，利用图像表达思维的能力。

四是音乐智慧：对音乐节奏、旋律、音准等的鉴别力，对音乐进行欣赏、创作和表达的能力。

五是身体运动智慧：运用躯体操作物体的能力。

六是人际沟通智慧：察言观色、善解人意，与人保持良好关系的能力。

七是个人内省智慧：清楚自己的优缺点，能敏锐地觉察自身的感受、情绪等，能利用对自己的了解来指导自己的行为和指定生活目标。

八是认识自然的智慧：对自然界保持浓厚的兴趣，并能敏锐地对自然现象进行归类、理解和解释的能力。

在现实生活中，同时具备以上多种或全部智慧的“全才”极为罕见，普遍的情况是只有某一特定领域中的天才。

然而，许多学校和家庭都习惯采用一种很“狭隘”的智力观点，他们没有考虑到孩子的智力可以有多种表现形式，没有考虑到孩子能力发展的不平稳属正常现象。他们在评判一个人是否聪明、有天赋的时候，容易采取“全或无”的绝对标准：要么这个孩子是聪明的，在各个方面都应表现出不同凡响的天赋能力；否则，这个孩子属于没有天赋之列。无疑，这种“全或无”的智力观，不管是对孩子个体的发展，还是对社会资源的有效利用都是有害的。

父母怎样对待孩子的偏科问题呢？

1. 发扬光大孩子的强项

孩子的智慧潜能可以有多种表现形式。大多数孩子从小就会表现出较明显的能力偏向和兴趣爱好倾向。家长应该尽可能为孩子提供丰富多彩的环境，提供多种多样的活动和表现机会，以便孩子的智慧潜能表现出来。家长通过观察孩子在不同环境的活动中的表现，经常可以发现孩子对某个领域是否特别感兴趣，是否表现出某方面卓越的能力等，也能初步了解孩子的智力强项和弱项。

在确定了孩子的智力强项之后，家长就应该为孩子的智慧潜能提供充分的发挥空间，让孩子的智力强项得到更进一步的开发和发展。

父母可以为孩子才能的发挥和发展提供好的家庭环境。父母可以通过赞扬、鼓励等方式肯定孩子的特殊才能；可以围绕孩子的智力强项组织家庭活动；为孩子的潜能的发展提供充足的资源。

父母可以让孩子所在的学校和老师意识到自己孩子的才能。在孩子步入新的学校时，家长应该将自己对孩子的观察情况向学校反映，让学校能很快意识到孩子的智慧强项，同时，家长可以和学校配合，共同为孩子提供适合孩子才能的课程和教育。

尽力为孩子提供开发潜能的学习机会。孩子所在的学校如果难以满足孩子的学习需要，家长可以为孩子在社会上寻找额外的学习机会。如让孩子参加特殊才能培训班；鼓励孩子参加竞赛，展示和进一步发展自己的天赋。

2．承认智力弱项，坚持全面发展

在承认孩子的智力具有特殊性的同时，我们并不能忽视孩子的弱项和缺点，更不能放弃对孩子全面发展的要求和培养。

对于在校的学生而言，父母应重视他们“全面发展”的重要性。在现行教育制度下，如果不能做到一定程度上的全面发展，最终可能连中学毕业文凭都难拿到！

此外，全面发展更是社会的要求。任何一项工作的成功都需要人们运用多种智能方能顺利达到。一个出色的数学家不仅需要高度的逻辑思维能力，还需要一定的人际交往能力，要能与人合作完成任务，能自如地与人交流思想观点，还得有相当的自知能力，清楚自身的特点，能作出正确的人生规划。

既然人的才能领域有强有弱，怎样能做到“全面发展”？有效的做法是使孩子自觉地将智力强项的思维特点“迁移”到智力弱项领域中。所以，家长和老师的引导、示范作用是非常关键的。

对于一些在某个特殊领域确实具有一定天赋的孩子，应该考虑到他们的特殊需要。可以让他们完成不同于其他同学的作业，关键是要让他们感到作业具有一定的“智力挑战性”。

坏习惯38. 孩子对学习和做作业不负责任的坏习惯

不少孩子对学习和做作业采取敷衍了事的态度，对此，父母应该态度坚决，严加督促，而不能让孩子因贪玩而形成马虎的习惯。

于菲菲已经是三年级的学生了，个子长得较高，俨然一个小大人。但是，她做作业却从来是有始无终。

于菲菲完成作业的最后情景经常是这样的：

匆匆忙忙地、飞快地将作业写完，不管对错，将铅笔往桌上一扔，像脱离魔爪一样，迅速地离开书桌，跑向电视机前或奔向门外。

书桌上，满摊着作业本、练习册、课本以及铅笔、橡皮。

通常是菲菲的妈妈先将书桌整理清楚，将课本、铅笔盒等一一放好，然后再认真地将她的作业从头到尾检查一遍，用铅笔将错误的地方勾出来（通常总会有错误，而且不会太少），再将孩子叫回来改正。

对于妈妈指出的错误，于菲菲想都不想，也不问为什么错了，拿过来就改。时常，改过的作业还是错的。当她再次被叫回来改错时，他就会不耐烦，大声嚷着问："你说应该怎么做？"

在这个例子中，我们不能说于菲菲是独立完成作业的。"写完"作业并不意味着作业的完成。实际上，作业的检查是作业完成中的一项重要工作，而这项工作却由家长来承担了。孩子的任务似乎只是写作业，并不需要对作业的质量负责。

整理书包是谁的工作呢？在这里也成了父母的。

那么，孩子在学校时，这些工作由谁来做呢？当然只能由孩子自己来做。为什么在家里就要由家长来承担呢？造成这种局面的责任在谁呢？

孩子的责任感和负责任的能力是通过锻炼形成的。锻炼则意味着由孩子自己去承担活动，并明晰活动的目的、步骤以及要求等。

这种锻炼机会最初应当由家长来提供，并提出恰当的要求，加以正确的引导。但是，很多父母剥夺了孩子成为一名“完全学生”的某些义务和权利。大多数父母是用以下方式渐渐使孩子放弃自己的权利和义务的：

（1）指责孩子检查作业不认真，整理书包不整齐。于是，替孩子完成这类工作。

（2）出于关心，想让孩子有更多的活动时间，主动代替孩子做这些工作。

第一种做法，使孩子对自己丧失信心。家长不是能干吗？干脆由你们去做。渐渐地，孩子将这些工作不再纳入自己的活动范围。

第二种做法，没有把孩子当做学习的主人，没有使他意识到这些工作是他分内的事儿。

无论哪种做法，最终结果是一致的。即造成孩子责任意识、责任能力的缺失，丧生了自主活动的信心和能力。

家长为什么会如此做呢？

究其根源，大致有以下几个方面：

其一，只关注孩子的学习成绩，并且只对可测算的、能够标识孩子学习成绩的那些方面进行要求。

其二，想为孩子提供一切“有利”条件，保证孩子能够有更多的时间用于“学习”上。

其三，不知道孩子的学习是各方面相互促进，共同提高的。

其四，没有意识到知识学习只是孩子成长中很小的一部分，重要的是要通过学习知识，培养从事其他活动的能力。

父母针对孩子的毛病，可以按以下方法去做：

1．提议孩子与家长一起检查作业。

2．就某些作业问题让孩子说明是否正确，以及他自己的理由。

3．逐渐表现出对孩子的教学内容不太熟悉的样子。

4．对孩子作业中的错误，不要表达自己的修正意见，建议孩子自己重新思考。

5．放手让孩子自己去检查作业。

6．至于整理书包，家长大可不必担心他会丢三落四。即使他可能忘了装一本书，或忘了装橡皮，也不会太影响他的学习。而且，即使暂时影响了学习，通过如此的教训，从此他会细心，认真检查自己的每一样东西，对自己的事认真负责起来。

坏习惯39. 孩子字迹潦草的坏习惯

写字潦草不仅是一个习惯的问题，同时还是一个心态问题。如果父母对此不及时加以纠正，孩子将来就可能形成做什么事都不认真的不良习惯。

每次写作文、交作业，老师总要批评王强的字迹太潦草，还因此扣了分，可王强感到自己已经很认真了，满肚子委屈。

对于孩子的字迹潦草，王强的妈妈也很着急。

老师是这样帮助王强分析的："字迹潦草不潦草主要看别人能不能看清你的字，如果写出来的字令人难以辨认，你就应该注意了。也许你主观上是认真的，可能写字的速度太快了，字迹就相对显得比较潦草。"

在信息大爆炸的年代，有些父母认为孩子不应该花太多的宝贵时间练习机械的技巧，其中包括书写。由于人生的命运似乎不依赖于书写，他们给书写设定了一个更实用的标准——达到可辨认的程度。但有些孩子连这一点都做不到。

其实，手写文字仍然是现代社会不可替代的交流工具，如果字迹潦草，令人难以辨认，势必影响工作效率和交流效果，甚至带来不必要的麻烦和损失。因此还是应该教孩子书写工整。

孩子的字迹潦草，父母就要引导，使其爱写字、写工整，具体做法有以下几点：

1．让孩子喜欢写字

孩子的字迹潦草，很大程度上在于孩子不喜欢写字，孩子之所以不喜欢写字，一部分是因为生理发育还未成熟，以致眼手协调不良。如有可能，不妨和孩子多玩“沙地写字”、“海滩作画”的游戏，让孩子在广阔的沙地中，快乐地写下他刚刚学会的“国”字或其他带框框的字。这可比在笔记本上一笔一画地勾勒要有成效。因为孩子多半不喜欢字有框框，认为那样框住了他们的写字空间。等他们把那些字写得有模有样了，就培养了孩子对汉字框架结构的美感，克服了他们对汉字框架限制书写的厌恶感，渐渐地，孩子就喜欢上写字了。

2．用故事来教育孩子

父母可以通过故事告诉孩子写字能陶冶人的情操，赢得“书法大师”的荣耀，让孩子有机会从饶有风趣的故事中“顿悟”写字的潜藏功能，如此绝对比逼他就范来得有效。

3．字不一定漂亮，但要工整清楚

对孩子的书写问题要具体情况具体分析，若是态度不端正的原因，首先应告诉孩子做作业时书写工整漂亮的目的，让孩子知道，做作业不单是为了巩固所学的知识，仅仅保证正确是远远不够的，做作业还有愉悦身心和赢得好感的作用。在讲道理的时候尽可能多举一些实例，避免简单的说教。父母可在一段时间内，对孩子每天的作业书写情况加以点评，对孩子在书写上的点滴进步给予表扬，不断激励孩子以正确的态度对待做作业时书写。

4．注意培养孩子正确的书写姿势

如果孩子的书写姿势有问题，一定要及时进行纠正，这样既可以保证孩子的视力，也可以保证孩子脊柱的弯曲度。父母可以让孩子通过简单的儿歌来记忆书写的正确姿势，并时刻提醒自己注意。例如：书写要求“三个一”，即眼睛离桌面一尺远，胸离桌子一拳远，手离笔尖一寸远。

5. 孩子的书写能力也可加通过训练提高

每天可让孩子专门练写几个字，每个字书写遍数不求多，少则五个，多则一行。写的时候要求孩子先看，了解字的框架结构，还可让孩子说说每一笔画的位置以及笔顺的先后。父母及时发现错误，立即予以纠正，在做完这些准备后再开始动笔书写。经过这一过程，孩子对所要书写的字有了较详细的了解，写起来自然胸有成竹。父母可以根据孩子书写的情况提一些建议，如：落笔时用力的大小，书写的结构分布，尽量避免涂改等。

坏习惯40. 孩子不能正确对待自己成绩的坏习惯

孩子考试成绩不理想的时候，他们往往会对自己失去信心，对自己的一切都加以否定。这样的情况会危害孩子今后的发展，做家长的就要好好引导孩子，让他们既认识到自己的缺点，也认识到自己的优势，正确地对待自己的成绩。

在有些孩子身上，存在着一些无法正确对待自己成绩的缺点，这样的弱点严重制约了孩子相信自己、超越自我的能力和潜力。其中最为明显的是，一些孩子一旦考试失败，哪怕是仅仅一次的失败，就会彻底对自己失去信心，认为自己一无是处，没有什么价值，没有任何前途。这样的心态只会导致厌学和接连不断的失败，并最终导致退学的悲剧。在日常生活中，我们往往见到有人乐观，有人悲观。为何会如此？其实，外面的世界并没有什么不同，只是个人的处世态度不同罢了。

那些不能接受自己成绩的孩子心中有一定的阴影，他们只能看到事物坏的一面，却无法辨认这其中得与失的关系。

例如一个语文学得好的学生，也许物理化学会差一点儿；一个对数学有异常灵敏感受力的同学，音乐水平可能会与别人有差距。这就是得与失的问题。

一位在商业上有着惊人表现的企业家，就曾经有一段这样的经历。当他的事业到达顶峰时的一天，他陪着父亲去一个餐馆吃饭。在那个高级的餐厅里，有一个琴艺很高的小提琴手正在一丝不苟地拉着琴，这个企业家听了，不由得黯然神伤。他回忆起了自己在年少的时候，也曾经对小提琴有着一股执著的狂热，可是现在，自己却连一只简单的曲子都不能完成。于是他就对父亲说：“如果我小时候好好地练琴，今天我也可以和他拉得一样好，或许比他拉得更好。也许现在在这里演奏的不是他，而是我！”他的父亲回答说：“是啊！孩子！但是如果真是那样的话，你现在就不会有机会在这里用餐了！”

这个故事告诉我们：对于我们已经失去的优势，我们不应该一味地斤斤计较。如果真是需要的话，就应该去努力从头开始，用自己的行动证明自己的真正价值。当我们为失去东西而叹息时，就往往忘记对已经拥有的东西的珍惜和把握。对于自己的成绩一定要认真分析，认清自己的优势和劣势，这样才能真正确定自己以后的努力方向。

人的优势和劣势是有一定的转换规律的，有的时候，劣势反而可以成为优势，就看自己如何把握了。

有一个10岁的小男孩，在一次车祸中，他失去了自己的左臂。但是他非常喜爱柔道运动。执著的信念让他终于拜了一个柔道大师为师，开始学习柔道。他学得很认真，可是师父只教他一招。他听师傅的话，就一直练这一招。几个月以后，师父带他参加一个比赛，小男孩轻轻松松地赢了前两轮的比赛，到了第三轮，虽然有些困难，可是当小男孩使出师父教他的那一招后，他就又一次赢了。就这样，他糊里糊涂地进入了决赛。

决赛的对手很强壮，比小男孩高大得多，也很有比赛经验。逐渐地，小男孩有些招架不住了，裁判担心小男孩的安全，就要求暂停。但是师父不答应，于是比赛就继续进行下去。这时，对手看小男孩已没有招架之力，渐渐放松了警惕，小男孩就又使了师父教的那一招，果然制服了对手，赢得了比赛的冠军。

小男孩鼓起了勇气，问师父：“我是凭借什么赢得的冠军？”师父回答：“有两个最重要的原因：一是你已经掌握了柔道中最难的一招；其二，对付这一招的唯一办法就是对手抓住你的左臂。”

在这个故事中，小男孩的最大劣势变成了他最大的优势。由此我们可以看到，只要有足够的智慧，劣势就会变成优势，学习中也是一样的道理。

对家长提出以下几点建议：

1. 帮助孩子冷静地分析自己

让孩子冷静地分析这次自己的失败是什么原因造成的。

2. 教会孩子正确认识自己的优点和缺点

可以对他说："你并不笨，一次成绩没有考好，是很正常的事情。"可以告诉他自己以前的学习情况也并不是那么理想，人无完人，谁都会有失败，要看到自己的优点。例如，孩子的乒乓球就打得很好，或者他的画画得很好，他们班上的同学就没有人比得上他。

3. 安慰他

帮孩子找出他比别人做得好的地方，鼓励他继续发扬；帮孩子找到他做得不好的地方，提醒他注意向别人学习。例如是不是方法不对，或者没有用心等等。

4. 给他讲故事

例如，法国大作家巴尔扎克一次写作时朋友来访，他很长时间也没有发现。中午仆人送来饭菜，客人以为是给自己送的，就把饭菜吃了。后来客人发现巴尔扎克还是那么忙，就走了。天黑了，巴尔扎克觉得该吃午饭了，就来端碗端盘。看到饭菜已被吃光，他责备自己："真是个饭桶，吃完还要吃！"

法国昆虫学家法布尔曾连续几小时趴在潮湿、肮脏的地面上，仅仅是为了解蚂蚁的生活习惯，他用放大镜观察搬运死苍蝇的蚂蚁的活动，毫不理会也没有听到周围有许多人的围观议论。

用这些故事告诉他，要想做好一件事，必须专心致志。

坏习惯41. 孩子抱怨家长的坏习惯

“英雄不怕出身低”，这是很多成功人士的共同经历。面对命运赐予的逆境，智者不去抱怨，总是选择忍耐和搏击。

我们都知道那部风靡全球的《穷爸爸，富爸爸》，并且还非常清楚那绝不是一部仅仅谈论父亲的书，更多的是论及人生智慧。

有这样一个故事，绝非捏造!

他是一个冷酷无情的人，嗜酒如命而且毒瘾很深。有一次，他因为在酒吧里看一个侍者不顺眼而犯下故意杀人罪，被判终身监禁。他有两个儿子，年龄相差才一岁。其中一个同样毒瘾甚重，靠偷窃和勒索为生，后来也因为杀人而坐牢；另外一个儿子却既不喝酒也不吸毒，不仅有美满的婚姻，养了3个可爱的孩子，还担任一家大企业的分公司经理。

在一次私下的访谈中，有人问起造成他们现状的原因，两人的答案竟然相同：“有这样的老子，我还能有什么办法！”怎样，是否有“一语惊醒梦中人”的味道呢?

同样的道理在两位70岁的老太太那里也向我们表示得很清楚。一位认为到了这个年纪人生就到了尽头，于是便开始料理后事；另一位却认为一个人能做什么事情并不在于年龄的大小，而在于如何去想。于是，后者在70岁高龄之际开始学登山，随后的25年里她一直冒险攀登高山，甚至在95岁高龄时，她还攀登了日本的富士山，打破了攀登这座山的最高年龄纪录。她就是著名的胡达·克鲁斯老太太。

两则小故事都是那样的平常与平凡。因为每个人都会衰老，都有可能遇到困顿、不良的家庭或者是在生活中迫使我们承受的不幸与恶境；但是人类的伟大正是因为聪明的你可能自己老早就明白，影响我们人生的绝对不是环境的变迁，当然也不是不幸的遭遇，而是我们持有如何的信念。

你的孩子说："不抱怨我又能做什么呢？我的爸妈都是那样的平常（其实他的舌头下面压着的很可能是'平庸'两个字），他们的工资加起来还不如同学爸爸请客的一顿饭钱多呢！"没有手提电脑，没有名牌的衣服、鞋子和背包。因此，每天耳目所及尽是"伤心触目"，上课的时候心神不宁。"是的，我没法平静，同学又在炫耀她的新手机，而且最近她总是把校服的链子拉得很低，故意露出白金项链精致的坠子。要是老天爷知道我有多伤心就好了，那他就最好派个仙女来送我想要的一切，就像从前灰姑娘的经历一样。我在学习的时候忍受的压力是很大的，因为我不能专心，我的自尊心在出手阔绰的同学面前总是备受打击。我不愿意向同学提起我的父母，他们都是那样的笨手笨脚。我没有那么多零花钱，我没有能让我引以为豪的家长……"因此，对父母的抱怨现在看来就是理所应当的。"难道他们不应该承受这种抱怨吗？出生在这样的家庭……"实际上这只能说明，你的孩子还没有自己的信念。首先，一个有信念的孩子不会把心思花在无意义的攀比上面，因为明智的人都不强求和奢求。要让孩子明白，学习本身遭遇的暂时性困难与父母的经济状况事实上并没有什么必然联系。当然，如果抱怨父母对你的孩子而言真的是一件"快意"的事情，那么我只有祝他好运，但愿老天不要让他未来那个成绩平平却又整日牢骚满腹的宝贝抱怨他的平庸吧！就像现在孩子喋喋不休地抱怨每天工作得手足胼胝的你一样。

对家长提出以下几点建议：

1．以身作则是最好的方式

在子女面前，家长尽量避免牢骚满腹、怨天尤人，因为如果长此以往，子女往往会认为抱怨是解决问题、寻求心理平衡的合理方式。

2. 倾听原则是必要的方式

孩子学习、生活遇到不如意时产生的抱怨情绪家长首先要倾听（聪明的家长还善于在这个时候有一些亲切适度的肢体语言，比如抚摸、微笑）。了解事情的大概情况，并引导孩子倾诉“说说吧，没关系”，“我能帮你什么”。

3. 告诉孩子家里的真实情况

许多家长认为将家里窘迫的状况告诉孩子会加重其心理负担，影响学习。但孩子走向社会应该学会的首要课程之一就是“面对现实”。

4. 适当的“节制”政策是必要的

您对孩子的要求满足得是否太过容易了呢？不要让您的孩子觉得“一切得来全不费工夫”，而抱怨生活没有意义和趣味吧。学会适当节制他们的要求，例如有计划地给孩子零花钱，而且最好让他参加家务劳动。

5. 告诉他们“爱抱怨的人是不受欢迎的”

如果孩子已经有了爱抱怨的不良情绪，那么就要经常提醒他们，爱抱怨的人是不受欢迎的。要让他们明白，“自己的事情自己办，自己的梦自己圆”。

坏习惯42. 孩子爱抱怨环境的坏习惯

生活不会特别地眷顾谁，也不会特别娇宠谁。怨天尤人，向环境缴枪，是对自我生命价值的最不能宽恕的蹂躏和践踏。

小强是一个三年级的小学生，长着一对大眼睛，看上去非常聪明。可是前些日子却被学校勒令退学了。他的学生档案上记录了学校将其开除的原因：旷课、偷窃、扰乱课堂秩序。他还只是一个小学生，这个污点将会永远刻录在他今后的人生行程当中，甚至于会影响他的一生。那么，小强是怎么变成这么一个让人头疼的孩子的呢？其实要寻找原因并不难。小强的父母是小商贩，没有什么文化，整天忙于经营，也就自然地忽略了对孩子的管教。平时，他们评判孩子学习的唯一标准就是卷子上的分数。小强刚入小学的时候，是非常用功的，加上他的聪明，学习也还算不错。后来有一阵子，他迷上了电子游戏，学习成绩当然也就受到了影响。小强的爸爸自然非常生气，但他不帮孩子寻找成绩下降的原因，却破口大骂道："我和你妈累死累活给你挣钱，你却就考这么一点点分数回来！早就知道你不是个好材料，不然头上会长三'顶'？"原来，他们当地有一种说法：一个顶好，两个顶坏，三个顶气得娘跳井。"顶"，指的就是头上的发旋儿，小强的头上刚好长了三个，平时，他只要一惹爸爸生气，爸爸就用"三顶"哲学来骂他，说他有"坏根"，学习差是天生的。久而久之，小强当初的学习劲头就被他爸爸骂没了，"反正我不会是个好孩子了，那我还努力干什么？”于是小强就破罐子破摔，先是旷课，到电子游戏室打游戏，后来没钱了就去偷，偷了几次被人抓住，送到学校保卫处，学校先是批评教育，但是他屡教不改，学校无奈，只好将他开除了。

读完小强的故事，可能觉得有点荒唐。但是，生活中这样类似的例子并不少见。往往是由于一些可笑荒谬的说法，让孩子对自己逐渐失去了自信，开始怨天尤人，最终偏离了人生正确的航向。

听过这样一个故事吗？建筑工人在砌砖墙。他们都在忙碌地工作着，可各自的心情却大不相同。一个工人怨天尤人，觉得工作又累又枯燥；一个工人埋头苦干，认命而忍耐；第三个工人却快乐地吹着口哨，他想象着这堵墙砌好后，也许会有一位老人在墙边的草地上种他喜欢的花；也许会有一个小男孩在墙上创作太空画……

谁都喜欢做第三个工人，谁都愿“做”第三个工人。平平凡凡的日子，带着爱心做每件事，你会发现，再烦心的事，再辛苦的事，调整好心态，都能体会到快乐。第十六届法国世界杯足球赛，据说给足球界的启示是“进攻，进攻，进攻”；部队有一首军歌，是振奋人的一句歌词是“向前，向前，向前”；人生最需要的则是“进取，进取，进取”。

美国人约翰·富勒家中有7个兄弟姐妹，他从5岁开始工作，9岁时会赶骡子。他有一位了不起的母亲，她常常和儿子谈到自己的遗憾：“我们不应该这么穷，不要说贫穷是上帝的旨意，我们很穷，但不能怨天尤人，那是因为你爸爸从未有过改变贫穷的欲望，使家中每一个人都胸无大志。”这些话深植富勒的心中，他一心想跻身于富人之列，并开始努力追求财富，后来，富勒接手一家被拍卖的公司，并且还陆续收购了7家公司。他谈及成功的秘诀，还是用多年前母亲的话回答：“我们很穷，但不能怨天尤人，那是因为爸爸从未有过改变贫穷的欲望，家中每一个人都胸无大志。”富勒接着强调说：“虽然我不能成为富人的后代，但我可以成为富人的祖先。”

富勒的故事告诉我们：你的欲望有多么强烈，就能爆发出多大的力量；当你有足够强烈的欲望去改变自己命运的时候，所有的困难、挫折、阻挠都会为你让路；欲望有多大，就能克服多大的困难，就能战胜多大的阻挠。因此在学习中，要有敢于争先的欲望，而不要沉湎于怨天尤人的情绪中，只看到别人的成功，而放弃对自己的责任。

人生如同一叶扁舟，行驶于浩瀚的大海，颠簸于潮头浪尖。胆怯者望而却步，沉沦者听天由命，唯有勇敢者会奋力拼搏，最终到达胜利的彼岸，实现其生命的价值。贝多芬从小家境贫寒，再加上他父亲的凶暴，他的童年可以说是一场灾难。17岁时，他患上了伤寒和天花，几乎致死。之后肺病、关节炎、黄热病、结膜炎等又接踵而至地折磨他。28岁，他又不幸患了耳疾，这对于一位作曲家而言无疑是失去了一切。然而，贝多芬并未向命运低头，而是发誓“要扼住生命的咽喉”，他不顾自己的疼痛，凭着自己对音乐的天赋和造诣，更凭着顽强的意志，完成了一部部伟大的作品。在与命运的搏斗中，他的生命之火燃烧得越来越旺盛。“拼搏精神会使人的生命价值更高尚”的道理就在于此。人生没有一路平坦的，总是会充满了荆棘和坎坷，但您的孩子可以凭借所拥有的条件和毅力去战胜它。

对家长提出以下几点建议：

1. 帮助孩子学会从身边小事中肯定自己

每一个人都有自己的优势，生活也是多姿多彩的。学习不是生活的全部，不应当只从分数上来评价一个孩子。抓住生活中每一个机会鼓励那些对自己不太自信的孩子，树立他们的自信心，会对学习产生积极的影响。

2. 对于学习能力差的孩子，应鼓励他们“笨鸟先飞”

对于学习能力稍差的孩子，不要急躁，而应该鼓励孩子“笨鸟先飞”。通过比别人付出更多的努力，一定会收到令人满意的效果。

3. 以正确的态度面对失败

当孩子面对失败，要告诉孩子失败是人生中不可避免的事情，要多多鼓励孩子树立不怕挫折、跌倒之后再重新爬起的态度。

4. 帮助孩子学会自己分析失败原因

失败了不要抱怨，而是应该静下心来分析具体的原因。通过分析原因，找出以后应该注意的地方，吸取教训，日后面对同类问题时就可以从容对待。

第四章

为了学有所成

——事半功倍是捷径

坏习惯43. 孩子学习中的不良习惯

良好的习惯乃是人在其神经系统中存放的资本，这个资本不断地在增值，而人在其整个一生中享受着它的利息。坏习惯则是道德上无法偿清的债务，这种债务能够用不断增长的利息去折磨人，去麻痹他的最好创举，并使他达到道德破产的地步！

吴刚，13岁时考入中国科技大学少年班。20岁时参加了托福和GRE考试，成绩优异，获得美国多所大学的全额奖学金，赴美攻读博士。

吴刚的父亲吴善陶是台安县南关中学的高级教师，他在《儿子的学习习惯好》一文中详细叙述了吴刚在学习方面所养成的良好习惯：

量化的习惯。学习最忌一暴十寒。每天完成一定的量，积累起来就十分可观。如认识汉字、记英语单词，都是每天10个，即使走亲串友也从不间断。一年下来，3000个常用字记住了，3000个英语单词也记住了。记乘法口诀，是每天起床穿衣时妈妈教一句，他记一句。一套《数理化自学丛书》共17本，5000多页，看起来吓人，但是“眼怕手不怕”，每天消化10页，一年半下来就全部看完了，并做完了所有的题。我们从来不搞“倾盆大雨”，也从来不让孩子整天玩耍。

预习的习惯。课前不预习，课上就抓不住要领，或思路跟不上，容易开小差。我要求孩子如果不把要讲的内容看两遍就别进课堂。上课时，自己懂的就要当堂记住，自己原先不甚懂的就要全神贯注地听懂。这样，课后做起作业来既轻松，速度也快，还能腾出时间自由阅读。

定时的习惯。什么时候学习，什么时候玩，我们都要求孩子定时。玩是孩子的天性，我们不能剥夺孩子玩的权利，不玩痛快，学习时也不会精力充沛。

独立思考的习惯。吴刚思维敏捷，理解力强，并善于比较分析。小学三年级学习分数减法时，他告诉妈妈，如果分子都是1，被减数的分母比减数的分母小1，那么差必定是分子为1，分母为两分数分母的最小公倍数，如1/2-1/3=1/6，1/7-1/8=1/56。一个9岁的孩子，能做这样的概括，很不简单。妈妈着实表扬了他一番，肯定了他这种独立思考的好习惯。到了中学，他碰到难题从不肯轻易放过。他认为，自己想出来的比别人告诉的要强百倍。

专心的习惯。我们教育吴刚学习时要全神贯注，一分一秒也不许思想开小差；玩的时候就要玩痛快，不想学习上的事。经常是吃饭的时间到了，热气腾腾的饭菜散发出诱人的香味，妈妈一遍又一遍地催他："吴刚，吃饭吧，来吃饭吧。""不，我这道题还没做完呢。"他头也不抬，继续做他的题。有一次，家中的来客也感动地说："这样专心的孩子真是少见！"他学习上的内驱力十分大，一旦进入角色，什么也别想分散他的注意力。

俄国著名教育家乌申斯基说："良好的习惯乃是人在其神经系统中存放的资本，这个资本不断地在增值，而人在其整个一生中享受着它的利息。坏习惯则是道德上无法偿清的债务，这种债务能够用不断增长的利息去折磨人，去麻痹他的最好创举，并使他达到道德破产的地步！"同样，不根除孩子学习上的不良习惯，就会直接影响孩子的成长。作为家长，如何才能帮助孩子克服学习上的坏习惯，养成好习惯呢？上文中吴刚的学习好习惯就是好的范例。此外还应做到以下几点：

1．让孩子认识到坏习惯对学习的影响

家长要让孩子充分认识到坏习惯对学习有哪些影响，以促使他主动去改正。

2. 把握好改正坏习惯的时机，循序渐进

家长要在孩子有不良行为习惯时及时指出，并督促他尽快改正。但也不能急于求成，要循序渐进，适时表扬。

3. 找到养成坏习惯的原因，对症下药

家长要追根溯源，找到孩子养成不良习惯的各种因素，对症下药，逐一解决。

4. 对孩子不能有成见

家长要客观、公正地看待孩子，不能“一荣俱荣，一损皆损”。要表扬、强化孩子的好习惯，纠正、消除孩子的坏习惯。

坏习惯44. 孩子记忆方面的坏习惯

人们所经历过的事情以及所接触过的人物，会留存在大脑里，这就是记忆。记忆的存在通过印迹的保持和再现体现出来。一个人要想积累丰富的知识和经验，就离不开良好的记忆力。

在学校里，那些学习成绩好的学生，他们的记忆能力无一例外地都特别好。在生活中，那些聪颖、睿智的孩子，他们的记忆力大都十分出色。在成人世界中，那些知识渊博、学识丰厚的人，也大都具有很强的记忆能力。然而，我们常常能听见一些家长抱怨说："我家孩子好像什么都记不住，往往是今天记住了东西，睡一觉就忘得一干二净。怎样才能提高孩子的记忆能力呢？真是让人头疼死了！"

人们所经历过的事情以及所接触过的人物，会留存在大脑里，这就是记忆。记忆的存在通过印迹的保持和再现体现出来。一个人要想积累丰富的知识和经验，就离不开良好的记忆力。

幼儿的记忆能力是十分惊人的，但其记忆的特点是记得快，忘得也快。对于那些他们感兴趣的事物，或者说是特点鲜明的事物，他们很容易就记住了，而且印象特别深刻。但是，他们所记住的东西大多是零星的、支离破碎的。所以，小孩子在回忆某一件事情或某一个人时，他们会感到非常吃力，因为他们的记忆很不精确。当我们处于幼儿阶段时，我们的机械记忆能力也非常好，即使是那些我们并不理解的东西，我们也能够记住，还能通过自己的理解把记住的东西复述出来。所以，要想培养孩子良好的记忆能力，必须清楚地了解孩子记忆的特点，以便做针对性的训练。

我们知道，只有发挥更高层次的理解记忆和逻辑记忆的特长，一个人的记忆中才能储存大量的信息。孩子记忆能力的高低固然与先天的禀赋有关，但后天的培养、训练也是至关重要的。恰当的训练有助于提高孩子的记忆能力。

如何才能培养孩子的良好记忆能力呢？我们给家长的建议是：

1．让孩子学会观察

观察好比是孩子摄取知识、经验的大门，记忆则是储存知识、经验的库房。多让孩子观察，在观察中记忆具体的形象事物。比如，带孩子外出时，事先提出要求，让孩子记住行走的路线、方向，注意观察周围及拐弯处有什么特点，乘坐哪一路电车、汽车等，返回时让他带路。

2．死记硬背不可少

在发挥机械记忆的同时，培养并帮助孩子采用多种记忆方式。尽量让孩子多背诵一些歌谣、儿歌、短文等，同时可结合实物图像，解释有关的词语，以及词语间的相互关系，以强化理解，促进记忆。

3．培养兴趣是提高记忆能力的关键

环境、情绪容易促进记忆，这一方法对儿童的作用就显得更加突出。为了提高记忆效果，我们应想方设法地提高儿童对所记事物的兴趣，用兴趣吸引他，给他较强的情绪体验。可以把要记的事物寓于故事中，让孩子去体会。动手动脑相结合，孩子更容易记忆。如让孩子识记“猫”字时，可以引导他看猫的形态，听猫的叫声，摸猫的身体等，加深他的记忆理解。

坏习惯45. 孩子只抓进度不抓复习的坏习惯

复习是巩固知识的重要环节，忽略复习只抓进度显然知识不会扎实。所以，如果孩子有这种毛病，父母要及时予以教育和纠正。

王荣月是个爱学习，不贪玩，勤奋刻苦的好孩子。每天放学后，顾不上复习，就预习新课文。妈妈看到孩子如此爱学习，认为孩子在课堂上肯定把当天的课程学得很好，就常常鼓励孩子要自己多学知识，要“向前看”（预习），不用“向后看”（复习）。得到妈妈的鼓励，孩子每天更是拼命往前赶进度。但是，尽管王荣月学习很用心，考试成绩并不十分理想。

张宇林则不同，他回家以后总是先复习当天在学校学过的功课，并且自己将学过的内容重新整理一番，都弄通、弄懂，然后再做作业，最后才开始预习第二天的内容。由于预习是在复习后进行的，有了理解新知识的基础，因而预习起来就相对容易，花费的时间也较少，效率很高。学习工作完成后，他还有时间去玩。邻居们对他的印象是：聪明，学习不费劲儿。

著名的艾宾浩斯记忆曲线表明：如果学习效果是100%，那么经过一天就剩下60%左右；经过两天则为40%；到第三天就只记忆30%左右了；再以后的降低率则会减慢，一个月以后仍记得20%左右。

也就是说，遗忘的规律是先快后慢。

尤其是对那些零散的、不系统的、没经过整理的，理解不深刻、不透彻的知识来说，先前的遗忘速度更快。

美国心理学家盖兹通过实验证明，经过认真复习而掌握的东西，会终年不忘。而信手抓来的东西，就像过眼烟云，转瞬即逝。

王荣月的学习效果不太好，这与她只抓进度不抓复习有关。

实事求是地说，王荣月的学习精神应当受到表扬，她的父母也应以此为荣。但是，正如我们前面所说，好的精神不一定带来好的成绩。学习应该遵循科学的规律。

王荣月的父母或是不懂学习的规律，或是根本没有对孩子的学习情况给予真正的关心。贪多嚼不烂，而且，孩子的大部分时间用于学习而无暇从事其他活动，这对十来岁的孩子来说，是非常枯燥的，也是不正常的。父母应该认真调查，分析原因，及时纠正。

正确的学习方法是像张宇林那样，抓好复习，不盲目贪多。

学习是一个循序渐进的过程。前面的知识应该为后面的学习打基础。如果对前面的知识理解不透彻就去学后面的知识，不仅前面的容易遗忘，而且还容易前后互相干扰，互相混淆。

家长纠正孩子只抓进度不抓复习的坏习惯可以从以下几方面入手：

1. 要用发展的眼光来看待孩子的学习，不能被暂时的现象蒙蔽而盲目乐观。

2. 观察孩子的学习方法是否科学、合理。

3. 让孩子在复习旧知识的基础上学习新知识。

4. 应建议孩子多了解其他同学的学习方法，选择恰当的方法学习。

5. 对孩子的刻苦学习精神给予鼓励的同时，要让孩子寻求更轻松、省时的方法。

坏习惯46．孩子上课不爱回答问题的坏习惯

我国传统的提问法在几千年的教学发展的长河中闪烁着光辉，但由于受儒家人本思想的影响，它的运用主要在于引导学生领悟已有的知识，而不鼓励他们到未知的领域中去创新。

学习王安石《泊船瓜洲》中“春风又绿江南岸，明月何时照我还”一句时，老师提出了这样一个问题：“既然只隔数重山，即刻就要到家了，为什么还用‘何时’呢？”经教师这么一点，我们就会根据时代背景悟出作者的用意：即表面上写回家的急切心情，但实质上是看到“变法”后“又绿江南岸”的蓬勃景象，想到“何时”再回京任相，继续把“变法”进行到底。通过对这个问题的思考和回答，我们的思维能力就得到了锻炼。

思维永远是从问题开始的，没有问题思维就将停止。教学活动是教师和学生共同参与的双向活动，师生在教学中存在着大量的知识信息和情感意向的交流，这种交流又是在融洽的师生关系下、和谐的教学气氛中进行的。实现师生互动、双向交流的方法很多，其中常用且有效的就是课堂提问。思维活动从问题开始，并在寻求问题的解答中深入和发展。在一堂课的起始阶段，提问能把学生引入问题情境，激发其探索的欲望。在课堂教学中，提问会使学生的注意力处于高度集中的状态，同时引发其进一步探索的动机，或独立思考，或相互讨论，使课堂教学秩序静中有动，动中有静，但都朝着一个共同的目标驶进。良好的教学提问既是一种镇静剂，又

是一股凝聚力，它能够保证教学活动的顺利进行。

教师提问的过程就是教给学生提出问题方法的过程，学生对问题的思考解答是对思维能力的训练，教师对问题的评析又是思维方法的传授。一些发散性问题、求异性问题的提出和解答，可以培养学生的创造性思维能力。

积极地回答问题可以培养学生的语言表达能力课堂提问，为学生提供了一个发表自己意见的机会，学生在答问过程中，既展示并阐述了观点，又锻炼了说话能力和表达能力。

有的学生作文写得不错，但口头表达能力却相当欠缺，对老师的问题明明会答，却因为临时组织语言能力差而支支吾吾，前言不搭后语，越是这样，就越怕出丑，怕老师责备而不愿意开口。要改变这种状况，就得积极参与课堂上老师的提问，和同学们一起探讨各种疑问。

回答问题还可以锻炼胆量。由于心理素质、性格、经验等因素的影响，有一部分学生不同程度地存在着怯场心理，不论是自愿举手或是被老师点名起来回答问题，往往感到局促不安，头脑空白，言不达意。

通过教学提问活动，教师和学生可分别从中获得对各自有益的反馈信息，以作为进一步调整教与学活动的重要参考。比如教师可以通过提问，了解学生对知识的理解程度，检查学生对所教重点内容的掌握情况，探明学生对知识的理解程度，寻求学生知识链条上的漏洞和产生错误的原因，全面掌握学生的个体差异和个性特点，反省自己教学中的不足或错误等；然后，再根据通过提问而得到的反馈信息，灵活地调整后续的教学活动。同时，学生可以通过答问，从老师那里获取评价自己学习状态的反馈信息，在学习中不断审视自己，改进自己的学习态度、方法、习惯等，使自己后续的学习活动更富有成效。

对家长提出以下几点建议：

1. 要鼓励孩子积极参与集体活动

使他们在集体中找到轻松、自在的感觉，从而能够勇敢地在大家面前发表自己的观点，在回答老师的提问时不再因为紧张而无话可说。

2. 在课前让孩子把知识预习好

很多孩子之所以不敢在课堂上发言是因为他们没有把知识预习准备好，在心理上没有底气，生怕自己会犯错误，被老师和同学笑话。如果准备充分了，所学知识了然于胸，自然就大胆一些了。

3. 教给孩子一些回答问题的方法

其实，回答问题也是有方法的。比如说，某种修辞手法的合理运用，一般说来，比喻有使文字生动、逼真、形象的作用，拟人有喜爱、珍惜的感情色彩，排比有增强气势、加大说服力的作用。虽说我们不能把它当公式来套，但是这却是一个很有用的规律。

坏习惯47. 孩子听课不得要领的坏习惯

一堂课45分钟，有的学生上完后很有收获，掌握了本节课老师讲解的重点、难点，在课下再稍微下些工夫，对知识就基本掌握了；而有的学生同样是听了一节课，昏昏沉沉地下来，问他这节课讲了什么内容，竟然说不出个子丑寅卯来。这其间的差距就出来了，抓住要领的学生很轻松地就掌握了知识，不得要领的学生花了很长时间也无法掌握知识。

有一个很勤奋的企业经理，几乎为自己的企业付出了一切，仍然无法摆脱破产的命运。他非常绝望，不是因为自己的破产，而是不明白自己失败的原因。一天，他去拜访一位企业名家，名家告诉他，他的失败不是因为别的，只有一个原因，却也是一个致命的原因，那就是他没把企业的大事抓好，捡了芝麻丢了西瓜。这个经理回去后，又重新拾起自己的烂摊子，按照那位名家的指点，终于给企业创出了一条光明的道路。

一个企业的掌门人，重点有没有抓对，关乎企业竞争力的强弱。许多老板或经理人很会抓小问题，却容易挂一漏万，看不到隐藏在冰山的一角之下那些95%以上真正的问题。而一个人的时间、精力有限，千万不要相信“每一件事都很重要”的神话，而是要在优先顺序、轻重缓急的取舍上，作出选择。抓牛头可以掌控全局，抓牛尾则是不得要领的做法。

我们的学习也是同样的道理。在课堂上听课，一定要抓住要点，否则，同样是听课，你的效率就会比别人低了许多。

在新课开始前，老师总会将上堂课的主要内容再强调一下。这些内容就是上一堂课的重点，我们应该注意听，并对照一下自己是否全部掌握；每堂课结束前，老师会用几分钟小结本堂课的主要内容。这是本堂课的重点，我们也要重视。

但是实际上，我们好多同学不会在意这些，在刚开始上课的时候，往往交头接耳，窃窃私语，不能很快地投入到学习中；在要下课的时候，则又开始盼望早点下课，心思也不在学习上了。老师强调的上节课和这节课的重点就这样被忽略了。这是导致很多同学学习不好的一个主要原因。

在讲课当中，如果有特别重要的地方，老师会用各种方式提醒同学们注意。有的老师会提高声音，有的老师会放慢讲话速度，有的老师会重复讲述，也有的老师会用“一、二、三、四”分条在黑板上写出来。各个老师强调重点的方法不同，但只要你注意，就会发现每个老师习惯使用的方法。

一般情况下，一堂课的要点有两种。一是难点。每一课都会有一定的不容易理解、解决的知识难点，这是学生学习中的“拦路虎”，必须扫除和突破。上课时，老师总是力图突破难点，引导学生化难为易，渡过难关，这时，学生应紧跟老师的思路，认真听讲，积极思考，全力突破。同时，每个同学根据自己预习或听课中碰到的难点，集中注意力，从老师的分析、讲解中弄清楚。二是重点。重点就是重要的和主要的知识点，老师在讲课时总会把时间和精力放在讲解重点上。讲到重点时，老师或条分缕析，详细讲述；或放慢速度，重点强调；或写出纲目，梳理思路。

抓住了一节课的要点，就是上了一节成功的课，即使有些细节问题没有弄明白，也不要紧，课下可以慢慢研究。

注意老师的体态语。例如，老师对某个问题的看法，往往可以从他的体态语中表露。老师把哪些问题视为重点或是难点，这些都是可以觉察得到的。注意和老师的语言交流，目光交流，思想交流，都可以促进学习。

在这些活动中你必须专心致志，如果三心二意，就不可能把老师的这些体态语看懂。因此，在这里我们再来强调一下集中注意力的问题。专心致志的学习习惯，是学生必须养成的起码的学习习惯。

对家长提出以下几点建议：

1. 在生活中培养孩子抓主要矛盾的习惯

要使孩子明白，面对任何问题，都不可能各个方面都照顾到。我们应该把注意力集中到主要矛盾上，首先解决好这些问题，抓住事物的关键，千万不要因小失大。在课堂也是一样的，应当懂得把握住老师讲课的主要问题，而不是眉毛胡子一把抓。

2. 提醒孩子珍惜课堂的每一分钟

课堂45分钟是非常宝贵的，每分钟都含有高密度的知识量。告诉孩子课前不要玩得太疯，以便上课时能把注意力收回来，开始认真听老师讲课。另外，要下课的时候，通常是老师总结本课内容的时候，这时候也不能走神，去想玩什么游戏。

3. 提前帮孩子弄清每课的重点、难点

有的孩子可能会说，我不知道这次课的重点、难点是什么，家长就要帮助他们搞清楚，使他们心中有数，听起课来，有的放矢，事半功倍，不至于一节课下来不知道学了什么。

坏习惯48. 孩子只做模拟题的坏习惯

有一部分学生对于课本知识的掌握并不牢固，可是他们却又不屑于继续深入钻研课本知识，而是到处寻找大量的模拟题来“练兵”。可是到了最后，像数学这样的需要多做题的科目，由于他们的基本知识并不牢（有的甚至连公式都背不熟），结果效果不理想；而像语文、英语这样的需要丰富语感的科目，他们更是很难有什么提高，有的人甚至因为做题而跟不上老师的进度，成绩反而后退了。有的同学因此考试时患得患失，情绪很不稳定，严重影响了学习成绩。

高考前各校都有模拟考试，试题是各校老师们根据多年的教学经验和对考试的摸索编制出的，从内容到题型都和高考很类似，有一定的权威性和参考价值。但是，也不能全部依赖模拟考试题。

模拟考试的意义在于找出自己的“盲点”——复习中的漏洞，以便及时补救。所以，模拟题做不好的同学不用慌张，它正好击中了你的“盲点”，及时补救，就可以避免在真正的考试中因此而失分；而模拟题做得好的同学也不能得意，因为，也许题目恰好漏过了你的“盲点”。

由此，我们可以看出，模拟考试就像里程碑，应让它不断地“增值”。第一次做模拟题以后，应该找出需要加强的地方，有针对性地复习，争取第二次模拟考试时成绩有所提高。这样，一方面总结和改进复习方法；另一方面，对自己的实力也大致心中有数。

模拟考试只是一种形式而已，要想真正掌握知识，还是需要扎实的基本功的训练。

例如，长期以来，印度政府和军队一直希望建立强大的海空力量。早在上世纪80年代，印度军队就开始考虑建立战斗机飞行员培养体制，但似乎到现在，他们也没能建立起一种有效的培养体制。

印度空军飞行员通常在教练机上完成最初的飞行训练，而他们如果想成为合格并且优秀的超音速战机飞行员，还需要走相当长的一段路，最重要的是，他们必须亲身实践，真正驾驶超音速战机飞上蓝天接受各种复杂情况的考验。他们须学会应付各种突发情况，如：发动机空中停车怎么办？驾驶舱突然高空开裂怎么办？降落时起落架打不开怎么办？迫降前怎样处理剩余的油料？等等。这些问题都需要真实的体验。而印度军队由于经费不足，坚持了20多年的模拟训练。20多年来，印度空军一直空难不断。其实，有不少事故是人为造成的，有不少飞行员，还没有彻底学会开飞机，就匆匆飞上天了。

模拟能够帮助掌握知识，却无法代替真实情景的重要位置。当前，一些英语训练方法采用题海战术和死记硬背，效果并不理想，造成很多弊端。市场上有很多良莠不齐的“全真模拟题”之类的辅导材料，其实早就已经陈旧落伍，而且很多是东拼西凑的“水题”。这些是无法保证学习效果的。

传说战国时期，赵国京城邯郸的人很会走路，其步法的美妙是天下闻名的。于是有些人就特地赶到邯郸来学走路。燕国寿陵地方的一位少年也赶来学习，他全力模仿邯郸人走路的样子，结果没有学好，但又忘记了自己原来的步法，于是只好狼狈地爬回去，闹了一个大笑话。这个掌故自从在庄子的著作中出现后，“邯郸学步”或“寿陵学步”这句成语就常被人们引用。在李白的一首《古风》中，就有这样的句子：“丑女来效颦，还家惊四邻。寿陵失本步，笑杀邯郸人。”因此，如果不加选择地做模拟题，反倒会事倍功半，甚至误了学生。

有一部分同学只做模拟题，而不愿掌握扎实的基础知识，是因为看到别的同学这样做。其实，他们只看到了这些同学的一部分学习方法，而没有真正懂得那些同学是如何学习基础知识的。如果只做模拟题，而不牢固地掌握基础知识，就会陷入“题海”，永远到不了成功的彼岸。

有一部分同学迷信模拟题，是因为他们相信这些模拟题有可能与真正的考题一样。但是，有可能么？

当前，社会上有一些所谓的“辅导班”，声称自己有中考、高考命题组的模拟全真试题。命题组真的敢给辅导班出模拟题么？一位考试培训业内人士曾经对此予以坚决否认：“这只不过是打着透题的幌子骗考生的钱而已。真正的命题组成员怎么敢去给辅导班讲课、编制模拟题，这可是在泄露国家机密！”所以对此类辅导班一定要仔细甄别，慎加选择，以防上当受骗。

对家长提出以下几点建议：

1. 可以给孩子讲一些精彩的故事

例如本文中提到的一些故事，让孩子明白，要想自己的成绩提高只有靠踏踏实实地学习基础知识，做题很重要，但是不能过于依靠模拟题。例如还可以对孩子讲，模拟题如同他做的飞机模型，想坐着它飞上蓝天是不可能的。

2. 以身作则，引导孩子脚踏实地地学好基础知识

家长要常常告诉孩子打下固巩基础的重要性，让孩子懂得：靠什么都不如靠自己。

3. 解析模拟题出处

让孩子明白那些莫名其妙拼凑的模拟题是从何种渠道进入市场的，向他们讲明白这种题的不可靠来源，他们就会明白自己所依靠的法宝原来是这样的不堪一击。

4. 告诉孩子模拟的虚假性

模拟考试只是一种假定情景下的测试方式，因此试题也是一种“假”题。如果想考好，万变不离其宗，就是学好基础知识，基础扎实了，就可以对各种题目应付自如了。

坏习惯49. 孩子猜题押题的坏习惯

猜题押题的坏习惯有许多的弊端，在考试中遇到的一些偶然、巧合的现象不能作为法宝使用，否则就发挥不出自己应有的水平。

有一些同学有这样的思想倾向：学习的目的完全是为了应付考试。从复习的那一天起，他们就把主要精力集中到找出考试的脉络和方向上来了。上复习课时，他们总是很注意老师强调的重点，预测出老师出题的倾向，甚至会到老师那里去打探消息、摸底，希望从中找出一些题目的线索来，以便可以猜题押题。

这种学习方式存在很大的弊端。喜欢猜题押题的同学往往容易造成情绪上的紧张和焦虑，就像赌博一样，若猜中了就高兴得忘乎所以，甚至考后还会津津乐道；若猜不中就会手足无措，心绪烦躁，甚至会连原来会的一些内容也想不起来。这样考出来的成绩，即使是好成绩也不代表其实际水平。所以，与其把时间和精力浪费在无谓的焦虑和紧张上，把希望寄托于侥幸上，不如静下心来抓紧时间复习为好。总之，不去做系统复习，只一味针对所猜的题来“开小灶”，很容易造成“捡了芝麻丢了西瓜”的错误。

笔者就这一现象，曾经采访过一些在考试中获得好成绩的学子，他们对这种现象提出了一些自己的看法。

北京师范大学教育学院的王建华同学认为，考试其实是围绕着知识体系来出题的。作为检测和选拔的工具，考试必须体现知识和能力的水平，因此与其被考试牵着鼻子走，天天猜题押题，还不如把心思花在系统的学习上。押题猜题的风险很大，还很耗费时间，而且得到的知识缺乏系统性和深度，很难存入长时记忆系统，也不容易提取和扩展，更谈不上在将来能派上用场。

毕业于北京师范大学附属实验中学、现就读于华东师范大学数学系的鲁小杰也认为，押题猜题的做法不可取。他说高考出题确实有一定的规律，但是，谁又能担保某年就一定会考某道题？真正对应考有帮助的做法，应是从中摸索具有普遍规律的答题思路和技巧，即形成一种思维，如数学思维、历史思维、政治思维等，以不变应万变。

王建华和鲁小杰同学说得十分中肯。的确，由于有考试这个中介物，猜题与知识水平就存在一定的正相关，没有一定的知识储备来猜题，那纯粹是赌运气。所以在没有打好知识基础前，猜题的回报率是很低的。把猜题的时间和心思拿来看书，先把书上的东西吃透，真正学到知识，才能做到“胸有成竹”。

1999年，教育部为了实施高招考试制度改革方案，决定向社会征集高考综合能力测试试题，同时征集高考语文、数学、外语等单科能力试题。这样的集百家之长的思路，让那些“猜题冠军”、“猜题能手”们很是挠头。

2002年国家司法考试试题的命题也采取了改革措施，第四张试卷改为案例分析和法律文书制作题，这样可以发挥客观题和主观题的各自特长。作为客观题题型，选择题的主要优点是评分客观、准确、迅速，试题容量大，覆盖面广，分值小，可降低考查中偶然性的影响，防止猜题押题的投机行为，从而提高考试的信度和效度。

由以上的事实证明，国家现在已经十分重视考试制度的改革，试题体现出新的特点——新情景、新材料、新问题。专家认为，不管多么复杂的问题，只要不是第一次遇到，或已经过强化训练，那就只能测出“操练”能力，即记忆和熟练能力；相反，即使是较为简单的问题，只要是第一次遇到，也能考查出理解和应用能力。从根本上讲，这些都真正避免了死记硬背、猜题押题、临时突击的现象。

“应试教育”面向少数，素质教育要面向全体，由死记硬背、题海战术、猜题押题，使学生处于极端的被动地位，转向让学生生动、活泼地主动发展。

有两位老师：一位是年老的，他教了几十年书；另一位是刚从师范院校毕业的。年老的那位从不在课堂上阐述读书是为了什么，偶尔他会说一下：“学习要先学会如何运用思维！”可见他对学习的目的还是明确的——锻炼思维！而年轻的那位总是传授着如何应付考试之类的问题。可见有些现代的教师却歪曲了教学的真正意义！

现在“猜题”的说法很流行，这其实是对教学真正意义的一种侮辱！这就像在考试前发下试卷答案让我们背那样无知。

记得金庸先生在一次采访中说过：“50年后，中国一定会成为全世界第一的国家！”他的出发点自然是好的，但如果中国的学生只会猜题押题对付考试的话，50年的时间确实太过乐观了。

对家长提出以下几点建议：

1. 教育孩子从不同的角度思考问题

例如讲述狗熊掰玉米棒子的故事时，可以说狗熊真笨，见异思迁；也可以说狗熊不满足于现状，总是有新的追求，有新的目标，这种进取精神十分可贵。善于多角度思考问题是孩子思想中的火花，应该好好鼓励。将孩子引向真正的学习之中，而不是仅仅为考试而学习。

2. 不要在考试时给孩子施加压力

在考试时，孩子已经是很紧张了，家长如果再施加压力，他就会觉得考试没有一点意思，只是一种负担，就会逐渐对考试失去信心，采取游戏的态度应对考试——赌一把的心理，就会导致猜题押题现象的出现。

3. 正确地指导孩子写作文

有许多猜题押题的现象常出现在作文的写作中。教师怕教作文，学生厌倦写作文，原因就是大搞“应试”作文，大量猜题，机械式教授方法，人为拔高要求，扼杀了大多数学生的创作热情，致使学生不愿写作文，畏惧写作文。家长应该根据孩子的实际情况，指导他们学习写作，写出真情实感，让写作文成为一种乐趣。

坏习惯50．孩子不善于向同学请教的坏习惯

没有一个人可以不依靠别人而独立生活，没有一个人能不向别人求教就什么都懂。在凭借自己的努力实践、学习的同时，向同学求教也不失为一种丰富自己知识的好途径。

有一个人做了一个梦，梦中他来到一座两层楼的房子。进到第一层楼时，他发现一张长长的大桌子，桌旁都坐满了人，在桌子上摆满了丰盛的佳肴，可是没有一个人能吃得到。因为大家的手臂受到魔法师的诅咒，全都变成了直的，关节不能弯曲，以至桌上的美食夹不到口中，因此个个愁苦满面。但是他听到楼上充满了欢娱的笑声，他好奇地上楼一看，同样的也有一群人，手臂也是不能弯曲，但大家却吃得兴高采烈。原来每个人的手臂虽然不能弯曲，但是因为对面的人彼此协助，互相帮助夹菜喂食，结果大家都吃得非常尽兴。

这个小故事告诉我们，没有一个人可以不依靠别人而独立生活，这本是一个需要互相学习、互相帮助的社会，人和人之间本来就应该互相扶持，共同成长。现在的很多孩子都是独生子女，其成长环境使得他们和父辈们比较起来表现得更加有主见、有个性，自尊心也更强，但是，不可否认的是，今天的孩子和别人的交往能力却未必比得上父母，相互之间的协作能力也明显差了许多。表现在具体的学习中就是不愿意，或者是不善于

向同学请教。

一项调查显示，当被问到“你在学习中遇到困难的时候会如何解决”时，有的学生选择“自己克服困难”，23%的学生选择了“问老师”，而选择“向同学请教”的学生竟然不到20%！当被问及“为什么不愿意向同学请教”的时候，很多同学都回答：“那多没面子啊！”“我觉得他们还不如我呢。”面对这样的回答，不能不让人感到深深的忧虑。

有位老师进了教室，在白板子上点了一个黑点儿。

他问班上的学生：“大家看到了什么？”

大家都异口同声：“一个黑点儿。”同时对老师的问题感到好笑。

这时老师故作惊讶地问：“只有一个黑点儿吗？这么大的白板难道大家都没有看见？”

众学生默然。

是的，每个人身上都有一些缺点，但是你看到的是哪些呢？是否只看到别人身上的“黑点儿”，却忽略了他身上拥有的一大片的白板（优点）？

其实每个人身上必定有很多优点，换一个角度去看问题，你就会有更多的发现，会看到你过去所没能看到的美丽风景。“不耻下问”是传统美德，多看到别人的长处，多向别人请教，并不意味着你比不上别人，相反，恰恰表明你有着宽广的胸怀和视野。“海纳百川，有容乃大”，一个只知道在自我的小圈子中徘徊的人是不可能有什么大作为的。

著名的齐白石老先生是一个十分谦逊的人，在20世纪20年代，他的绘画技艺可谓达到了炉火纯青的地步，但是在艺术上不断要求进步的他，对于别人的意见总是十分重视。

陈师曾在当时也是一位才华横溢的大画家，一天傍晚，他登门拜访齐白石。齐白石非常欣喜地连忙拿出平时的绘画精品，并且谦逊地请陈师曾指正。陈师曾看后，称颂之余指出：若能在此基础上另辟蹊径，变换画法，形成自己的风格，那将锦上添花了。齐白石听后感动得连连点头，感谢陈师曾的肺腑之言，表示过去画画形似前人，现在决定大变，即使卖不出一张，也决不后悔。

果然，自此以后，齐白石闭门谢客，苦苦钻研琢磨，刻意求新。到1929年，年过花甲的齐白石先生经过10年艰苦探索，终于走出了一条突破自己、超越前人的艺术新路，形成了自己形神兼备的特色和刚劲清新的艺术风格，在中国画坛上自创了“红花墨叶”派，达到了一个更高的全新艺术境界。

学问，学问，要多学善问。那些因为爱面子而不愿意张口向自己的同学请教的人，其实是使自己失去了可以提升自己的机会。和老师比较起来，同学之间有更多的相似性，在学习中遇到的问题也比较集中和类似，所以，同学之间进行交流也应该更容易解决问题。那些不善言辞，特别是不爱向别人提问题的孩子，连身边的同学都不愿意请教，又怎么能够指望他们去请教老师呢？这样，问题越积越多，自己知识的负积累也越来越多，学习成绩也就慢慢落后了。久而久之，这种不懂装懂的孩子自己也觉得很苦恼，可越苦恼越抬不起头，自尊心变成了自卑感，同时又极力用“自负”和“独立”掩饰这种自卑。这样的孩子，并非不“聪”而是不“明”，不禁让人扼腕叹息。

只有勤问才能多得。学无止境，没有一个人能不向别人求教就什么都懂。在凭借自己的努力实践、学习的同时，向同学求教也不失为一种丰富自己知识的好途径。

对家长提出以下几点建议：

1. 使孩子从小养成戒骄戒躁的优良品质

一个人的成绩都是在他谦虚好学、扎实肯干的时候取得的，一旦他骄气上升，自满自足了，那么他必然会停止前进的脚步。这正如毛泽东所指出的："谦虚使人进步，骄傲使人落后。要认真学习一点东西，必须从不自满开始。"

2. 告诉孩子不要怕"丢丑"

一个不怕丢丑的人，才能比别人获得更多的机会向真理迈进。

3. 从小培养孩子"打破沙锅璺（问）到底的"的好习惯

勤学善问，是学习的保障，"打破沙锅璺（问）到底"的习惯应当从小就开始培养。

坏习惯51. 孩子不善于观察的坏习惯

只要对周围的事物留心观察，潜心研究，就可能获得意想不到的收获。反过来，谁如果粗心大意，他就会一事无成。

也许大家都听说过“守株待兔”这则寓言吧？但今天要说的不是那个可笑的农民，而是由这则寓言引起的一个科学上的发现。大多数人听到这则寓言时都会一笑了之。而一位细心的生物学家却没有放过它。他想：“为什么兔子会自己撞到树上去呢？”后来他不断研究，终于得出了结论：兔子的眼睛长在两侧，两眼所成的像并不能完全重合，因而在它的正前方有一小片“盲区”，当它被敌人追踪时，完全有可能“慌不择路”，撞树而死。

美国贝尔电话公司的物理学家彭齐亚斯和威尔逊在寻找干扰卫星通信系统的噪声源时，发现总有一种消除不掉的噪声辐射。后来他们不断改进实验装置，最终证明了这就是宇宙微波背景辐射，为宇宙膨胀学说提供了有力的证据，并因此获得了诺贝尔物理学奖。在他们之前的拉弗逊也听到了同样的噪声，可他认为这是由于天线上鸟粪的干扰而与唾手可得的大奖失之交臂。当人们问拉弗逊是否后悔时，他说：“我不后悔。我在距离真理很近的地方停了下来，但彭齐亚斯和威尔逊由于他们的努力而获得了成功，我以后将记住这个教训。”真理有时就在离我们很近的地方。但它只奖给那些不懈探索、潜心观察的人，而对那些不注意观察的人而言，真理可以说有千山万水之隔。爱迪生说：“在发明的路途上，1毫米与1英里同样遥远。”说的就是这个道理。

我国古代名医孙思邈在行医时发现了一种奇特的现象，某一地区的穷人得夜盲眼的特别多，而富人却与它无缘，富人常常得脚气病，但穷人却没有。后来他不断留心观察，发现穷人只能吃得上粗米、糠皮，而富人只顾吃精米细粮、大鱼大肉。于是他让两种人交换一下食物，过了一段时间，两种人的病都好了。原来粗粮富含维生素B2，而鱼、肉中富含维生素E。

这种看似偶然所得的事例还有很多：画家莫尔斯在听演讲时大受启发，发明了莫尔斯电码；化学家道尔顿给妈妈买了一双袜子，结果发现了色盲症；物理学家波义尔在养紫罗兰时发明了石蕊试剂；医生邓禄普浇花时受到启发，发明了自行车轮胎；化学家凯库列做梦时发现了苯的分子结构；一个无名的花匠发明了钢筋混凝土……

这些人，他们都在某一时刻突然受到了启发，或是发现了某种意想不到的事情。实际上，他们为了这一天的成功也许已经潜心留意周围事物多少年了，这正是他们本身素质的体现。要知道机会只留给那些为了寻找它而不断探索的人，只要我们专心致志于周围有趣的事物，成功就会降临。

让我们的孩子不要像那位农民一样守株待兔，坐等成功的到来，而是用他们敏锐的眼睛去观察周围的事物，去寻找、发现成功吧！具体到观察能力，就是要培养孩子观察事物的积极性；培养孩子在观察能力方面的兴趣；培养孩子在观察能力方面的自信心；培养孩子在观察能力方面的注意力；培养孩子在观察能力方面的自我塑造、训练的那种毅力。

对家长提出以下几点建议：

1. 培育孩子的自信心

要让孩子充分地感受到，自己在观察能力方面是十分出色的。让他觉得，我就善于观察，我到哪儿都能把环境观察得特别仔细，描述得特别清楚。如果他这种自信心建立了，他的观察能力的发展就有了更好的积极性。

2．观察注意力的培养

观察需要注意力集中，但孩子并不是从来观察的时候注意力都集中，注意力也不是从小到大都一样，它会逐渐发展。如果他这次观察特别认真，你不但应鼓励他观察的兴趣，他的向上的竞争意识，他的自信心，还要引导他善于集中自己的注意力。

3．毅力的培养

再往下，你就要通过你的欣赏、夸奖，通过你的心理暗示，通过你的描述，培育他在观察方面的毅力。

坏习惯52. 孩子固执己见的坏习惯

见贤思齐，从善如流，是古今诸多大家成才必备的美德。一个人只有对真善美不停止追求，才能成大事业；如若固执己见，那是会毁掉正统大业的。

从前，有一头驴，从来不照主人的吩咐去做。主人要它往右走，它偏往左拉；主人要它往东走，它偏往西跑，总是跟主人对着干。一天，主人赶着这头驴沿着弯弯曲曲的小路向高高的山腰走去。突然，这头驴决定不在这条小路上行走，而是向路边跑去，那里儿是陡峭的山崖。眼看驴子就要从山崖上一头栽下去，主人一把揪住驴尾巴。"回来，你这蠢货！"主人说着，拽住它的尾巴，往山坡上的小道上拉。"偏往这边走，偏往这边走！"驴子顽固地说。因为驴子的劲太大，主人拽不住了，只好松手，那驴子惨叫一声，从悬崖上摔了下去。

驴子由于固执己见，最终走到了崖边，走到了自己生命的边缘，危急时刻，面对主人的好心帮助，仍执迷不悟，结果葬送了自己的生命。

作为万物之灵的人类，固然需要有自己的主张、自己的见解，但必须时时对照自己，及时地对错误观点加以改正，以更好地指导自己今后的行为。

古代有个叫蹶叔的人，他自信，且喜欢与别人唱反调。起初，他在龟山北面种田，在地势高的平地种稻子，低湿的洼地种高粱。他的朋友劝他说："高粱喜欢高原地势，稻子喜欢低湿环境，而你却弄颠倒了，不合乎它们生长的习性，怎么会有好收成呢？”蹶叔没有听从朋友的劝告，固执己见。一直这样种了几个年头，搞得粮仓里一点储存也没有了。他这才到朋友的田地里去察看。朋友的田地，果然收成非常好。于是他怀着歉意向朋友作揖道：“我知道悔改了。”

固执的蹶叔，起初不肯听从朋友的劝告，结果将事情搞得乱七八糟，哑巴吃黄连——有口难言。但有一点是十分可贵的，也是值得我们借鉴和学习的，那就是蹶叔知错能改的精神。当他发现自己的做法是错误的时候，没有像那头驴那样“死”到临头仍不知悔改。蹶叔的悔悟是明智的，我们也相信他的高粱、稻子从此会丰收的。

蹶叔善于悔改的精神，对于我们每个人，尤其是思想固执之人将是非常好的启迪。

生活中，做事灵活，不认死理，善于听取别人的意见，才能将事情处理得游刃有余；学习中，要把握学科的规律，不死钻牛角尖，具体问题具体对待，才能灵活掌握各种科学知识。

世界上到底有多少学问是个未知数，因此学无止境。我想没有一个人能不向别人求教就什么都懂，真正的万事通是不存在的。实践出真知，只有通过实践，通过学习，通过求教才能使自己的知识丰富起来。

我国春秋末期著名的大学问家、大教育家孔子，可谓知识渊博、名贯四海，被尊为“圣人”。然而孔子是一位很诚实谦逊的人，他教导学生要树立“知之为知之，不知为不知”的求学态度。他从不满足，总是虚心向别人求教。他有一句名言：“三人行，必有我师。”这句话意在勉励自己和学生要虚心向别人求教，绝不能不懂装懂、自欺欺人。

有一回，孔子和他的学生要到齐国去，路上遇到两个小孩在争论问题，互不相让，以至面红耳赤、气喘吁吁。当两个孩子得知来者便是世人皆知的孔老夫子时，其中一个对他说：“我们在争论太阳什么时候离我们近，什么时候离我们远。我说早上近，正午远，因为早上太阳又大又圆，中午就变得像个小圆盘。他说早上远，正午近，理由是早上太阳一点不热，正午热得像开水一样烫人。”说完两个孩子一齐看着孔子，等他来裁决。孔子思考了半天，只觉得他俩都有道理，就老老实实地对两个小孩说：“这个问题我也搞不清楚。”两个小孩不解地拍手笑着说：“人家都说你有大学问，原来也有你不明白的问题。”孔夫子点点头就走了。

学海无涯，学无止境。要从小养成好学勤问的习惯，切实做到“知之为知之，不知为不知”。

对家长提出以下几点建议：

1. 对待自己的问题要客观公正

客观对待自己的问题，不要“钻牛角尖”。有些孩子对自己很自信，听不进别人的建议，不善于利用别人善意的劝告来提高自己，故步自封。

2. 认真听取别人好的建议和意见

对于别人好的建议，要认真听取。一个人所掌握的信息量总是有限的，自己总有不如人之处，自以为是的思想具有非常大的危险性。

3. 从小养成谦虚的好习惯

谦虚的习惯不是一朝形成的，要从小开始培养。因此父母要从小就注意使孩子养成谦虚的好习惯。

坏习惯53. 孩子考试怯场的坏习惯

考试需要充满信心，需要镇定从容的临场心态。所以，父母应引导孩子正确对待考试，从而消除孩子怯场的不良情绪。

常福春是辽阳市某中学的学生，平时学习成绩优秀，但一参加考试就怯场，以致进入考场后，脑袋就不做事，甚至平时做过多遍的相同类型试题也变得陌生起来，结果可想而知。常福春为此非常苦恼。

考生考试怯场，又称考试境遇性焦虑障碍，指学生因情绪过度紧张而使实际水平得不到正常发挥的临场状态，是一种常见的心理现象。

紧张是一种情绪状态，一般是由外部环境因素或个体内部因素而引起的焦虑不安的情绪。

在考试中，完全不焦虑的学生不见得会取得好的成绩，而往往具有中等焦虑水平的学生却可以非常好地完成考试任务。但物极必反，极度的焦虑会造成孩子过分紧张，从而使大脑因过度绷紧而造成思维的中断，以致平时温熟的东西都无法回忆起来。这种由严重焦虑造成的考试失误，就属于考试怯场的问题。怯场的表现是以重度焦虑为核心，有时还伴随着头晕、手足刺痛、乏力、多汗、呼吸困难、睡眠障碍、躯体疼痛、面部潮红、害怕、心悸、手足颤抖、惊恐等症状。

克服怯场的方法非常多，父母可以指导孩子从以下几点进行改正：

1. 消除不良认识

人的情绪是通过认知的折射而产生的，孩子考试的紧张情绪是他们不良认知折射的结果。孩子的不良认知是多种多样的，比如，怕考不上大学对不起父母；认为考不上大学没有前途；怕考不好丢面子等等。

要想使孩子在应试中不出现紧张情绪，首先要消除他们对考试的不良认知，树立正确的认知。这就要孩子提高对考试意义的认识，考试是为了巩固知识而不单纯是衡量成绩的好坏使他们认识到，以便减轻心理压力，放下包袱，轻装前进。这样，精神振奋地去应试，就会防止怯场的出现。

2．教会孩子转移注意的方法

在考场中如出现怯场造成情绪高度紧张，可用转移注意的方法克服紧张情绪。可以喝口饮料或往头上抹点清凉油等，或闭一会儿眼睛冷静一下头脑，达到转移注意力的目的。也可以在心中唱着数数，1，2，3，4，5，6……直到紧张情绪消失为止。

3．教孩子学会放松训练

焦虑情绪会引起躯体肌肉紧张，做放松训练就能消除肌肉紧张，同时，焦虑情绪也就缓解了。

曾出现过怯场的考生，在大考前一周，可每天晚上坐在沙发上，微闭双眼，全身放松，按下列步骤进行操作：

第一步：紧握拳头→放松；伸直五指→放松。

第二步：收紧小臂→放松；收紧大臂→放松。

第三步：耸肩向后→放松；提肩向前→放松。

第四步：保持肩部平直转头向右→放松；保持肩部平直转头向左→放松。

第五步：屈颈使下腭接触胸部→放松。

第六步：张大嘴巴→放松；闭口咬紧牙齿→放松。

第七步：使劲伸长舌头→放松；卷起舌头→放松。

第八步：舌头用力顶住上腭→放松；舌头用力顶住下腭→放松。

第九步：用力睁大双眼→放松；紧闭双眼→放松。

第十步：深吸一口气→放松。

第十一步：肩胛顶住椅子，拱背→放松。

第十二步：收紧臀部肌肉→放松臀部肌肉，用力顶住椅子→放松。

第十三步：伸腿并抬高15 ~ 20公分→放松。

第十四步：尽可能地收缩腹部→放松；绷紧并挺腹→放松。

第十五步：屈趾→放松；翘趾→放松。

休息两分钟，再做一遍。

如果在考场中出现紧张情绪，可微闭双眼做三四次深呼吸，也可达到缓解紧张情绪、克服怯场的目的。

坏习惯54. 孩子不良的学习卫生习惯

很多父母只知要求孩子学习，却忽略了对他们卫生习惯的教育。其实，不讲卫生习惯的学习，对孩子身体的伤害是十分严重的，甚至会影响他一生的幸福。

剑波是辽阳县某小学的三年级学生，成绩不怎么样，眼镜却戴到了500度，这一切都是与他近距离看电视、暗灯下写作业、长时间卧桌看课外书分不开的。看着孩子近视越来越厉害，妈妈不知该怎么办才好。

据说某高中学校有一个班的48名学生中，居然有40个是近视眼！超过1／3的学生近视度数在200度以上，一成学生的度数超过400度，有一人甚至已经高达700多度。

一位小学校长认为，造成现在学生大面积近视的原因，一方面与学生迷恋电视、电脑游戏有关，另一方面和他们缺乏运动也不无关系。运动量的缺乏不仅导致学生身体素质的全面下降，而且久居室内，视力功能自然会随之衰退。该校长同时对传统的眼保健操在今天是否仍能起到足够的预防、保护作用，也提出了质疑。

另外，父母对于孩子的视力问题也缺乏应有的重视。现在许多父母拿到学生的成绩报告单，只知道看第一页的主课成绩，而根本不关心后面的体育成绩和健康状况。更加令人担忧的是，近两年来，近视的初发年龄越来越小。

一位在区教育局从事卫生工作的老师说，现在近视眼已和沙眼、贫血、蛔虫、牙病、肥胖（或营养不良）一起，成为中小学“六病防治”之一。老师们认为，患上近视的主要原因仍是电视、电脑和游戏机，因为每当暑假过后体检，学生视力下降总是非常厉害。

父母指导孩子培养良好的学习卫生的习惯，应做到以下几点：

1. 教育孩子不要长时间地连续看书

看书是非常用眼用脑的，孩子神经系统发育不成熟，不能长时间地集中注意力，每次阅读以30分钟为宜，最多不要超过40分钟。看一段时间后应起立活动一会儿，或向远方眺望，使紧张的眼球和大脑得到放松。

2. 书本与眼睛的距离要适当

眼睛离物体越近，要求睫状肌调节晶状体的度数越大，当物体与眼球之间的距离小于25厘米时，晶状体的调节度急剧上升，会使眼睛的屈光状态向近视方向发展。所以，孩子读书时应与书本保持30厘米左右的距离。

3. 阅读时应保持正确的坐姿

阅读时坐姿要端正，这样能够减轻维持坐姿肌肉的负担。乘车、走路、躺卧时都不宜看书。

4. 阅读时光线和字迹要清楚

光线太暗，字迹不清，就不得不把书本拿到眼睛前面很近的地方，这就增加了眼睛的调节负担，造成视力过度紧张而易患近视症。在太阳光直射下看书，光线太强，使人感到刺眼眩目、头昏脑胀。最好是光线从左上方射来，这样写字时手不会遮光。

5. 阅读时保持口腔卫生

不要用手沾唾沫翻书，以免将书上的细菌传入口中。不要在吃饭时看书学习，边吃边看会两耽误。可以在阅读时饮用茶水，但要注意茶杯的卫生。

坏习惯55. 孩子课前准备不充分的坏习惯

军事上一大忌讳是打无准备之仗，没有做好充分的准备就上战场，后果只有一个，那就是惨败，即使你被誉为“神勇之师”；学习上的道理也是一样的，课前不做好准备，要想提高课堂听课的质量是根本不可能的，哪怕你一向就是学习尖子。课前准备不是可有可无的一件事，它对于保障课堂效率起着相当大的作用。

准备是包括很多方面的，咱们来举一个很简单的例子。大家都知道格林童话中小红帽的故事吧。小红帽去看外婆，首先要有物质的准备，也就是得准备好送给外婆的礼物；还要有常识的准备——妈妈教给小红帽的一些经验。正是因为她没有记住妈妈的教诲，才使大灰狼有了可乘之机。然后要有心理的准备，在路上遇到各种问题时应该怎样面对，在心理要有一个整体的认识。小红帽给大家的教训就是，在我们做事情的时候，缺少任何一方面的准备都是不可以的，都有可能导致我们的失败。

上课的道理也一样。要想把一节课上成功，就必须做好各种准备，不管是物质的、知识的，还是心理的。

严格遵守学校的作息时间，按时上课，不要迟到。迟到不仅仅耽误自己的学习，还干扰老师同学的正常进度，是一种很不好的习惯。有的学生认为，他们是不拘小节，不被外物束缚，自由自在，很潇洒。甚至有的人还故意以迟到来显示自己的独特个性。这是很不对的，家长应该及时对这种观念进行纠正。独特的东西不一定都是好的，我们要想让自己的个性突出，受人关注和景仰，就应当尊重大家，珍惜大家的课堂时间。按时上课不是循规蹈矩，而是一个人有修养的表现。

充分做好课前准备，不把与学习无关的用具放在桌面上。上课时我们要尽量把无用的东西收起来，只把本课需要的用具摆在课桌上。一来，有利于我们把该用的资料放在手边，学习的时候非常方便，保证能跟上老师的步调。二来，又可以防止我们开小差，桌面上没有什么可以分散注意力的东西，自然精力就容易集中了。如果乱七八糟地在桌面上摆一堆，我们会有一种手足无措的感觉，大大影响听课的质量。

做好知识的准备这一点更为重要。心理学家桑代克指出：学习事先在心理上有无准备，其效果是大不相同的。

例如，我们学习《论语》，课前就有必要对孔子有一定的知识上的准备。先是孔子生活的社会背景。孔子所处的社会，是动荡的社会；所处的时代，是变革的时代。周朝王室日益衰微，大诸侯之间的争霸战争连年不断，给劳动人民带来了严重的灾难，等等。了解这些对学习课文有非常大的帮助，可以使我们对课文的观点有更深刻的理解。

这里，我们要把一个比较新的问题提出来供大家思考。多媒体网络教学作为现代信息技术与教学实践科学相结合的一种新型的教学形态，不仅从手段和形式上改变了传统教学，而且从观念、过程、方法以及师生角色等到诸多深层面都赋予了教学以全新的概念。

随着经济全球化、信息网络化的发展，网络教育正逐渐成为21世纪先进的教育基础设施。我们如何来充分利用网络以辅助我们的学习呢？这是一个新的问题，大家可以去思考一下。在网络的世界里，我们可以得到很多通过其他渠道无法得到的东西，信息来源是丰富的，并且是飞速的，这样的优点是不可以抹杀的。

让孩子学会通过网络来为课堂做准备，这是一个既省力又有效的办法。孩子对网络一般都是很有兴趣的，在这个天地中，他们对知识的获取方法是新颖的，因此记忆得也比较牢固。现在几乎家家都有电脑，如何充分利用它是家长们应该好好想想的问题。

对家长提出以下几点建议：

1. 帮孩子制定作息计划

作息计划可以使孩子的生活变得有规律，他们的生物钟一旦形成，就有利于保障学习的充足精力，对保证他们按时上课很有好处，按时上课又可以提高他们的学习效率。这是一个良性的循环。

2. 让孩子养成每晚检查学习用具的好习惯

孩子每晚完成作业后，容易把学习用具一摊就完事。结果第二天时晨，时间一紧，不是忘了带文具，就是把笔记落在家里，影响了正常的学习。孩子养成每晚检查用具的习惯，看是否把该带的东西准备齐全，第二天上课时就可以从容不迫了。

3. 养成课前预习的好习惯

预习好课文，在心理上把知识形成一个体系，听起课来，很是明了，能更好地去思考老师的各种问题。

4. 把电脑当成朋友

电脑的作用日益突出，让孩子和电脑交个朋友，让它更好地为孩子的学习服务。孩子可以在上面提前对课文的背景有个大体的了解，从更全面的角度来看我们的课堂知识，收益一定是十分大的。

坏习惯56．孩子不及时复习功课的坏习惯

《论语》开篇第一句就是“学而时习之”，一句话道尽学宗，做好复习显然是学习中很重要的一个方面。

当然，复习不能是机械的，也不只是简单的重复记忆。我们主张每次重复应有不同的角度，不同的重点，不同的目的，这样每次重复才会有不同的感觉和体会，一次比一次获得更深刻的认识。知识的学习与能力的提高就是在这种不断地重复中得到升华，所谓“温故而知新”也。

北京大学中文系的陈升同学，在总结自己的学习经验时，认为复习在知识学习的过程中是重要的一环——因为所学知识总是会遗忘的，为尽量减少遗忘，提高知识的保持效果，复习是必不可少的。复习是指重新学习已经学习过的知识，是对知识的一种深度加工，使所学知识系统化、条理化。

关于复习的重要性，孔子曾说过：“学而时习之，不亦说乎”，“温故而知新，可以为师矣”。德国学者狄慈根则指出：“重复是学习的母亲。”

从现代教育心理学的角度而言，复习的作用主要有四点：一是使获得的知识系统化；二是有利于对知识的进一步领会、巩固与应用；三是弥补知识上的一些缺陷；四是使基本技能进一步熟练。因此，应重视学生的复习习惯和复习方法的培养与指导。有一些同学不能重视复习的重要性，造成了学习上很大的损失。

许多同学都反映英语难学，其中最大的就是英语单词难记忆。

其实，学习英语的首要任务，就是在尽量短的时间内掌握科学的和高效率的学习方法，掌握英语的基本功。

英语的"五项基本功"——"听、说、读、写、译"这五种能力不是独立的，而是互相关联、互相制约的。"读"和"听"的重点在于学习与领会；"说"和"写"的中心在于重复与使用；"译"则是更高层次的使用。

美国人珍妮特·沃斯和新西兰人戈登·德莱顿合写的《学习的革命》一书中，提到的高效学习过程是：存储、记忆、激活。这里"激活"是个很关键的过程。你在课本上学来的都是死的知识：例如那些单词、句型、语法等，你必须能够及时找到机会把它们"激活"。最好的办法就是能使语言点可以在日常生活中不断重复出现。这样，你从教科书上学来的知识就能不断地被"激活"，就会变成存在于你脑中、习惯地从你口中滚动而出的活生生的语言了。事实上，你学来的语言能信手拈来地活跃在你的口中，才能更好地活跃在你的脑中，也才能更好地活跃在你的笔中。

不仅学习英语是这样，学习其他的东西无不应该是如此行事。

当下流行的复读机不纯粹是一种学习工具，它更是一种科学的学习方法。如果说，外语学习有捷径，那就是重复重复再重复。复读机正是一种重复学习外语的工具。它可以轻松实现语音的重复，对于练听力、学口语、背单词、学语法等有很大的帮助。长期坚持使用，可以克服语言环境等障碍，高效学习外语。

复读机的流行让我们看到了学习英语的真正方法，也让我们认识到了"重复"在学习语言中的作用。

许多学习不好的学生都有一种学习坏习惯：每学习一会儿，便会找到各种理由起来活动，找书、找笔记本、拿几张纸。这些习惯使学习者的思维总是在一个肤浅的层面上简单重复，而不能有纵向的深入。

心理学研究揭示，很多学习知识的发现与体悟，要在思维深入到一个较深的层次时才能够完成。当学习活动频繁中断和思维缺乏注意力高度集中的支持时，学习者的思维根本不能被预热到高度敏感和深入的水平，因而也不能获得对真正掌握知识和提高分析、解决问题能力至关重要的思维经验。

张军是一个高中生，他也知道复习于加强记忆的价值，但是他不能够正确运用这种方法，而是机械、频繁地重复学习内容，这样不仅浪费了大量的时间，也浪费了大量的精力。后来他对这一方法表示怀疑，不再复习功课，结果成绩更是一落千丈。这表明我们不仅要复习，还要正确运用这种方法，这样复习才能真正起到应有的作用。

英语教学专家王振光在谈到口语学习时，曾经说学习英语是一种苦差事，要下苦工夫，但还有巧功夫——就是要利用学习英语的频率。

对频率的恰当处理能够提高我们的学习效率，也就是说你要提高单位时间内的学习效率。把时间的频率缩短，在很短的时间内多次重复，密度要加大，这样才能够形成语感，使你真正说出流利的英语。

在练的过程中不能时断时续地练，要集中一段时间进行练习，就能够达到一定的效果积累，在忘记之前已经开始重复了。只有这种训练，才能够形成语感。

对家长提出以下几点建议：

1．教会孩子课前预习

课前预习不需要很多的时间，但一定要认真仔细。俗话说：“一遍生，二遍熟，三遍不用问师父。”课前预习，起到“先认一遍”的作用。预习时，有的问题可以让孩子自己解决，实在不行的话，做上记号，留待课堂上老师解决。这样，上课时，孩子将感觉到：自己会的问题“轻车熟路”，加深印象；不会的问题则“柳暗花明”，迎刃而解。

2．教育孩子及时复习巩固

复习巩固也有一定规律和技巧。比如最令学生们头痛的英语单词的记忆，今天学习过，记下来了，但一两天后又忘了。根据艾宾浩斯的遗忘曲线，不妨就当天再复习一遍，后隔二天、三天、一周、三周各复习一遍，就会很难忘记了。对单词复习，不是仅单纯写单词，你可以把单词放在课文中、句型中或自编的笑话故事之中，在睡前像放电影一样，在脑海中浮现。这样可以查漏补缺，亦可举一反三，联系前面的，照顾现在的，达到条理记忆。

3. 及时提醒和激励孩子

当发现孩子没有及时复习时，就应该注意提醒他："复习了吗"？复习时集中注意力，养成良好的学习习惯，是节省学习时间和提高学习效率的最为基本的方法。学习过程中应当注意力高度集中，对周围其他事情可以视而不见、充耳不闻。高度专注使人的心理能量能够集中地投入于正在进行的思维活动，使思维在特定的问题上处于最佳激活状态，从而使人脑能够高效地进行信息加工和问题解决。

4. 教会孩子运用量变与质变的规律

给孩子讲个故事，例如吃饼的人的故事，告诉他如果不吃前六个饼，只吃了第七个饼的话，是不可能吃饱的。进而教会他运用量变与质变的规律，去观察、发现生活中的类似现象，从而提高他的自觉能力。

第五章

因势利导，因材施教

——学习的堡垒要用有力的武器攻破

坏习惯57. 孩子不善质疑的坏习惯

爱因斯坦曾指出："解决问题，也许仅是技能而已，而提出新的问题，新的可能性，从新的角度去看旧的问题，却需要创造性的想象力，而且标志着科学的真正进步。"

在一个封闭、偏远的小镇只能听到两个电台：第一个电台专门广播名人消息或是流行歌曲排行榜，它的收听率相当高；第二个电台则是气象专业电台，它的听众只有一小群人。

一天晚上，气象电台发出紧急警告：一场威力惊人的龙卷风将在午夜来袭本镇，电台呼吁小镇居民立刻疏散至他处。

这一小群听众马上组织起来，有的去找镇长，有的敲锣打鼓，有的打电话给第一个电台，请求播出龙卷风将至的消息，好保护小镇居民的身家性命。

可是镇长说："本镇从未有过龙卷风，龙卷风的消息是第二个电台误报或者是捏造，为的是提高收听率。"敲锣打鼓的人则被视为疯子。而第一个电台则以现场正在采访名人为由，不同意插播这一"生死存亡"的消息。

小镇最终被夷为平地，后来者也没有人知道这里曾经是一个小镇。

这个小故事告诉我们，要以敏感的心对待这个世界，更要用心对待每一天，用心看看自己，不要把每一件事都看成理所当然。善于质疑，不管在生活中还是学习中，都是一种非常重要的品质。

学生读书，一定会产生许多问题，有完全不懂的问题，有懂得不透的问题，还有教师或其他同学提出的而自己尚未察觉的问题；有的比较浅显，有的比较深刻。有问题才会产生求知的欲望。但是，长期以来，受应试教育的束缚，教学中常常忽视学生的这种学习潜能，教师不能发挥他们参与学习的主动性，有意或无意地在压抑学生好问的天性，致使学生产生了各种心理障碍。

要帮助学生克服心理障碍，纠正不善质疑的坏习惯，首先要使学生认识到学会质疑的重要性。我们可以通过爱迪生“我能孵出小鸡来吗”、牛顿“苹果为什么往地上掉”等具体事例，教育学生学习科学家善于思索和探究的思维品质，使学生懂得“思维自疑问和惊奇开始”的道理。还要告诉学生，课堂提问不是老师的专利或某些学生的专利，每个人都可以提问，也只有在大家相互质疑的过程中，个人的思维才能得到发展。我们还可以将陶行知老前辈的小诗赠给学生，以鼓励学生主动质疑：“发明千千万，起点是一问，禽兽不如人，只在不会问。智者问得巧，愚者问得笨。人力胜天工，只在每事问。”

孔子说过：“不愤不启，不悱不发。”孩子“愤”、“悱”之际，正是家长引导质疑的最佳时机。以语文学习为例，当孩子在预习或初读课文时，会遇到很多问题，这些问题有涉及内容、中心思想方面的，也有写作方法方面的。孩子理解能力不同，问题的难易程度也不同。这时大多数孩子的心理状态是，希望自己提出的问题能得到大家的重视，同时希望问题得到解决。所以，在这一环节中，家长主要应该激发孩子的质疑意识，鼓励他大胆质疑。同时，家长要帮助孩子对问题进行分类、梳理，从而发现学习的重点、难点，进而带着问题去学习课文，最后解决问题。

营造积极的氛围对孩子也很重要。家长要遵循民主教学的原则，尊重孩子的人格和个性，不要在自己孩子的同学中划分好、中、差；积极创造宽松、和谐、民主、平等的家庭学习气氛，消除他们的紧张感和顾虑，使他们勇于提出问题。家长还应该遵循延迟判断原则，对孩子提出的各种意见、观点，不要当即做出判断，要不断鼓励他们产生新的想法，大胆地向同学质疑，向老师质疑，向教材质疑，在质疑中求疑，在求疑中发展思维。

这样的话，当孩子带着问题去自读课文时，他们会进行更深层次的思考，产生一些针对性强的具体问题。如在学习《灰雀》时，当孩子读到列宁与小男孩的对话部分，会提出："小男孩为什么想告诉列宁灰雀没有死，但又不敢讲？" "为什么小男孩坚定地说'一定会飞回来的'？"这正是引导他深入理解小男孩思想感情变化的最好时机。当读到列宁向灰雀打招呼时，孩子会产生"列宁怎么知道灰雀到哪儿去了"的疑问，这时，引导学生探求此问题的答案，也就读懂了列宁喜爱孩子的思想感情。在理解过程中质疑，能引导学生对课文重点内容进行主动探究，克服那种教师问学生答的陈旧教学模式。教师不可包办代替，要把提问的主动权交给学生，人人都可以提问，人人都可以当老师，互问互答，形成良好的质疑、解疑的氛围，使教学的重点、难点在学生主动参与中得到解决。

对家长提出以下几点建议：

1. 鼓励孩子独立解决问题

质疑后的目的是为了解决问题，质疑后必须解疑。孩子最初质疑时，提的问题比较简单、浅显。在保护孩子积极性的同时，要帮助孩子进行分类，看看哪些问题通过认真思考、查阅资料或请教别人就能解决。

2. 认真听取别人发言

在学习中，鼓励孩子想想哪些是自己的疑问，哪些是自己没有发现的问题，哪些问题自己能够解决，哪些同学的问题或见解能引起自己更深层次的思考。特别是在同学们提不出问题时，老师是如何指点思维方向的，从而从不同角度去学习质疑。

3. 帮助孩子克服语言障碍

如果孩子心里有问题但表达不清楚，越急越说不明白，那就说明他并不是没有问题，而是口头表达能力差，影响了思维的表达。所以，应要求孩子在提问前想好自己要提出什么问题，尽量用简练明白的语言告诉大家。这样，在培养质疑能力的同时，也培养了口头表达能力。

坏习惯58. 孩子读书没有计划的坏习惯

美国著名学者诺·波特指出：“谈到读书，首先应该明确目的。对读书的目的认识得越清楚，读书的信心就越坚定持久。”明确目的实在是阅读的第一要事。目的明确了，不仅给阅读增强了动力，也给计划的制订、读物的选择、方法的选定等一系列问题找到了根据，找到了出发点。这个习惯一旦养成，必将大大有利于阅读效率的提高。

漫无边际地胡乱阅读，终其一生也很难有所建树，甚至会在一望无涯的书海中搁浅、翻船。恩格斯曾一针见血地指出：“无计划地读书简直是荒唐。”所以，应养成阅读必有计划、阅读必照计划的好习惯。另外，还要学会合理利用时间，一要坚持按计划使用时间，二要严格检查用时的情况，发现问题马上纠正。长期坚持，自然形成良好的阅读习惯。

读写结合，“不动笔墨不读书”的习惯是古今中外很多学有成就者的共同经验。读前，笔和笔记本与读物同时到位；读时，笔与阅读同行，该画的画，该抄的抄，该记的记；读后，要检查写笔记的情况，未写的要补上。久而久之，读写结合的习惯便自然形成了。

阅读的核心是思维，波瓦尔宁把思维和想象的懒惰视为“阅读的最凶恶的敌人”，并号召与之做“毫不松懈”的斗争。要养成读思结合的习惯，就要坚持阅读时不走马观花，浮光掠影，要边读边思，多方质疑。读完之后，要掩卷而思，看究竟有何心得和体会。

英国学者阿普斯在《学习与技法》中指出：“学生和其他读者所具有的普遍错误之一，就是他们都以同一种阅读方法去阅读不同的资料。”为了养成灵活运用不同阅读方法的良好习惯，阅读前在想“为什么读”的同时，也要想一想“如何读”、“采取何种恰当的方法读”这个问题。工具书是读者的无声老师，是随时可以咨询的顾问，是解疑释难的好帮手。阅读前，一定要把工具书置于身边；阅读时，遇有疑难，就要翻查，严格要求自己，切实养成好习惯。“温故而知新”，既是前人成功的经验，又合于现代科学理论。孩子们在阅读和写作时经常会遇到一些自己不认识或难以理解的字、词，这些字、词会影响孩子对文章的正确理解，成为阅读障碍或写作上的拦路虎。很多孩子遇到困难时，要么跳过去不理睬，结果是囫囵吞枣；要么向家长求助，养成一种依赖心理，不利于孩子独立人格的发展。查阅工具书是解决问题的好办法，但怎样养成这种习惯呢?

第一，从低年级开始，家长就应有意识地让孩子借助工具书来解决疑难，不应越俎代庖。当孩子还不太会使用工具书时，家长可以手把手地教，或给孩子做一些示范。如当孩子遇到一些难以理解的生字、词时，家长不应直接说出答案，而应找来工具书，与孩子一起查阅，然后根据具体情况予以取舍。有的家长图省事或便利，当孩子问到某词或某句时，不假思索地告诉孩子，甚至因为这么简单的词句都不理解而责怪孩子，这是不利于孩子自学能力的形成和发展的。

第二，结合学校语文教育，教给孩子使用工具书的基本方法。如音序查字法、部首查字法、数笔画查字法等。

第三，家长应为孩子购置《新华字典》和《现代汉语词典》。现在供小学生使用的各种工具书很多，有结合教材编写的小学生词典，同义词、近义词、反义词手册，学生使用起来较方便，但不利于儿童自学能力的培养，不利于儿童独立思考能力的培养。《新华字典》和《现代汉语词典》经几十年的使用和修订，具有规范性和权威性，所以家长最好给孩子购置。

第四，使用字词典前，家长要指导孩子认真阅读范例，熟练掌握使用方法。在知识将要遗忘而未遗忘之前安排一次温习，记忆就会保持长久。此种温习安排数次，必将一次深入一次，次次有新意，大大有利于所学知识的巩固和理解的加深，并且在不断的反复温习中养成良好的温故知新的习惯。

另外，还要虚心求师问友。古今成大学问者，无不虚心求师问友。师友间互相交流，切磋琢磨，就可产生群体互补效应。英国科学家卡罗尔在《科学漫步》中讲道："如果可能，找个和你一起读书的好友，和他一起讨论书中疑难之处。讨论常是潜移默化地解决难题的最佳方案。"

养成良好的阅读习惯，就不会因胡看泛览而浪费精力，也不会因为读了不必读的书而耗费时间，更不会因读了坏书而使身心受损。

对家长提出以下几点建议：

1. 读得少些，但要好些

书海浩瀚无边，如何针对自己孩子的实际情况选择有益于身心成长的书非常重要。

2. 读必读之书，即使没有兴趣的也要读

对于那些必读的好书，即使孩子暂时没有兴趣，也应当鼓励孩子读下去，也许一段时间之后，他便会产生浓厚的兴趣。

3. 读能够找到的最好的书

相对于孩子的鉴别力，家长显然要强得多，尽可能地找那些最好的书让孩子阅读。

4. 按照一定的阅读计划读

做任何事情都要有计划，读书也是一样。只有计划周全了，才能达到理想的效果。

坏习惯59. 孩子不善于积累的坏习惯

高尔基说，要使理想的宫殿变为现实的宫殿，必须通过埋头苦干、不声不响地劳动，一砖一瓦地去建造。

这是乌龟和兔子的另一场比赛。它们都决定要经商，并且都选择了酿酒业，看谁酿的酒好，谁卖的钱多。

兔子的动作非常快，一天过去后，它已经开始喝自己酿出来的酒了。看到乌龟还在慢腾腾地酿酒，兔子一边嘲笑乌龟，一边将自己酿出来的酒拿到集市上去卖。

但是，它酿的酒味道又酸又涩，一坛也卖不出去，沮丧到极点的兔子只好垂头丧气地回到家中。而此时，乌龟的酒刚刚酿好，酒香扑鼻，还没有等到乌龟把自己的酒拿到集市上，就已经被那些闻香而至的客人买得一干二净了。

这个小寓言故事告诉我们，酿酒不等于跑步，要的是赢利，而不是快速。其实学习也是一样，要的是平时一点一滴扎扎实实地努力，踏踏实实地积累，而不是浮躁心急、一蹴而就，不是临时才将佛脚抱。

有许多学生写作文时都喜欢引用一些经典的诗词或者是名人名言，以增加自己文章的说服力和生动性。但是一些学生在引用时，往往会添字、漏字，甚至张冠李戴，闹出很多笑话。中国古典诗词和名人名言，作为经典用语是不容随便篡改的，特别是中国古典诗词，充分体现着我国语言的博大精深，其一字一句一韵都是不容胡来的。学生们应该带着诚挚的心去捡拾一颗颗珍珠，注意把功夫用到平时，一点一滴地慢慢积累，到真正运用起来的时候才能够得心应手，做到“厚积薄发”。

学生要有脚踏实地的学风。不积小流，无以成江海；不积跬步，无以至千里。“小流”与“江海”，“跬步”与“千里”的关系，是量与质的关系。没有量的积累，就不会有质的飞跃。只想飞跃而不讲积累，是无论如何也“飞跃”不起来的。

厚积才能薄发，厚积才能创新。江泽民同志曾说：“创新是一个民族的灵魂，是一个国家兴旺发达的不竭动力。”在大多情况下，创新意识是一种隐性的东西。当隐性的东西积累到一定量时，将会发生由量变到质变的飞跃。

1999年9月6日，北京奥申委宣布了一个重要的决定：向全社会公开征集会徽设计。这一消息发布以后，全国人民、海外同胞和国际友人表现出了极大的参与热情。

奥申委的要求十分苛刻：规定设计时间为两周，设计师们必须带作品亲自来北京；不发稿酬；路费自己解决。就是在这种背景下，一位名字叫陈绍华的美术爱好者决定另辟蹊径，他从一幅五星联结五环的草图中找到了感觉，采用中国传统民间工艺品“中国结”象形，相互环扣象征着吉祥如意。并且图案尤似一个打太极拳的人形，它表现了中国传统体育文化的精髓。后来陈绍华从众多参赛者当中脱颖而出，荣登“国手”宝座，一举中标，成为世界瞩目的一颗明星。

陈绍华成了人们眼中的幸运儿，但是有谁知道，他的成功绝不是从天上掉下来的。他是一个特别留意身边小事的人，每一次灵感闪现，他都会记在一个小本子上，无论当时有没有用。同时，他在平时也练就了相当深厚的美术功底。后来，他在第六届全国美展大赛、全国第二届广告展平面创意大奖赛、1992年“平面设计在中国”海报征集比赛中都获得了奖项。由此看来，陈绍华工夫在平时，到了重要关头便能厚积薄发，他所设计的奥运会会徽的胜出正是“上帝”对他的奖赏。

因此，创新不是空中楼阁，它需要平时一点一滴踏踏实实的努力。

对家长提出以下几点建议：

1. 狠抓记忆黄金时期

童年时代是记忆的高峰阶段，可以利用这一黄金时期背诵一些美文佳作、名言警句，让语言文字在心底多一些积淀、多一些感悟。只有浩瀚的大海才能卷起万千巨浪，形成各具特色的浪花，而干涸的洼地只能是望洋兴叹。

2. 由外而内，从追到求

进行思路与方法的培养，最终达到认知结构和情感态度的变化，才是教育的根本目的。孩子从被动学习到自我要求学习，才进入了会学的新高度。

3. 树自信，炼人格

给孩子一些自主的空间，让他们主动运用积累下来的东西进行自己的创新，把积累下来的内容化为自己的思想。要对孩子的创新意识给予鼓励，这样就会让他在无意中寻求到发展的目标。

坏习惯60. 孩子不善于使用工具书的坏习惯

工具书是读者的无声老师，是随时可以咨询的顾问，是解疑释难的好帮手。阅读前，一定要把工具书置于身边；阅读时，遇有疑难，就要翻查。严格要求自己，切实养成好习惯。

孔子说得好，“工欲善其事，必先利其器”。工具书是学习的顾问，是不见面的老师。教师应训练学生熟练地查字典、词典，告诉他们方法，定期检查，督促他们养成查用工具书的习惯。学生如果都能不断地、用心地使用工具书，那还需担忧怎样才能提高他们正确运用汉字的能力吗？

当然，一种好习惯的养成，总是需要一个过程，教师应帮助学生、督促学生，使学生能以坚强的毅力去培养好习惯，以达到最佳的效果。

在学习中，会使用工具书和资料的好处有很多。除了一般的字典、词典以外，各门学科也都有专门的工具书。

好习惯培养的过程，也可使学生培养努力不懈、坚持到底的恒心。荀子说：“锲而舍之，朽木不折；锲而不舍，金石可镂。”学生的学习本质上是一种艰苦的脑力劳动，在学习过程中，往往要碰到各种各样的困难和挫折，如果没有恒心，就不可能克服这些困难，那么，学习活动也就无法坚持和深入下去了。这就是教学中发展非智力因素的特殊意义。

如果在学习中遇到一些知识性的障碍，工具书一定是你不说话的最好的老师。其实话说回来，学会使用工具书不难，要紧的是要养成使用工具书的习惯。

参考工具书的作用，大体可归纳为如下几个方面：

1. 解决疑难问题

众所周知，在日常读书学习、研究问题、开展工作中，人们往往碰到疑难的字词、重要人物、有关事件、科技名词和术语、所需要数据等问题，查阅有关词典、百科全书、数据手册等参考工具书，即可迎刃而解。

2. 指引读书门径

人们日常自修学习，或者研究、掌握某学科知识，利用百科全书类参考工具书，便可了解有关学科的基本知识，从而为深入学习和掌握有关知识提供了最佳途径。

3. 提供参考资料

人们在学习和研究中，除了必须掌握本学科的基本状况，还须掌握相关学科的学术动态、研究水平、发展概况。比如，有些研究项目，国内可能有不少科研人员正从各个角度进行研究，国外也可能有成批学者在探讨，或者正利用其他相关学科研究成果加以解决，通过查阅国内外出版的年鉴类参考工具书，便可了解近年来的研究概况、发展动态，还能找到应该参考的书目、论文等资料。

4. 节省时间精力

各种参考工具书都具有共同功能，就是节省读者获取知识的时间和精力。因为，它们根据一定的社会需要，汇集大量有关文献，提供确实可靠的浓缩知识，并依照特定编排体例和科学排列方式，提供快速查找途径，节省读者的大量时间和精力，从而帮助读者从浩如烟海的文献中获取所需的宝贵知识，收到事半功倍的效果。

总之，古今中外学者、专家，莫不把参考工具书视为珍宝，用很生动的语言，赞美它是“良师益友”、“案头顾问”、“不说话的导师”，是我们“打开人类知识宝库的金钥匙”，并对它的作用概括成四句话：“解决疑难问题，指引读书门径，提供参考资料，节省时间精力。”

对家长提出以下几点建议：

1．养成细心的好习惯

家长应该在平时就培养孩子凡事细心的好习惯，成为一个细心的孩子，才有可能对不懂或者拿不准的东西更有求知欲，也才会更加重视工具书的作用。

2．把工具书放在显眼且易于孩子取用的地方

工具书作为一种工具，是以方便人们为目的的，因此要尽量把工具书放在明显且好拿的地方，这样查阅起来就会更加快捷，节省时间。

3．熟练掌握快速查阅的方法

工具书的工具性质还要求孩子能够熟练掌握查找所需内容的方法，以便充分利用其价值，并且节省时间。

坏习惯61. 孩子读书无选择的坏习惯

我们读书之前应谨记"决不滥读"的原则，应该用宝贵的时间多读伟人已有定评的名著，这些书必是开卷有益的。

秦国丞相李斯出生平民，先跟着旬子学"帝王之术"，后来到秦国求官，步步高升，最终官至宰相，功名不可谓不大。但他最终被赵高诬陷，落了个诛灭九族的下场。临刑时，李斯回头对儿子说："我想再像从前那样，牵着黄犬和你到野外去打野兔，这样的机会还能有吗？"按李斯这时的愿望，要是重新选择人生之路，他是不会选择原来的仕途的。其实，做官并没错，历史与社会都需要做官的人。不过司马迁特别写明李斯"从荀卿学帝王之术"，恐怕不是没有深意。如果李斯学的不但有"帝王之术"，还有荀子的学术灵魂——仁义之道，大概他就不会是这种结局，也不会后悔对人生道路的选择。我们是否可以这样理解，决定李斯命运的重要因素之一是他读的书！因此，有学者断言，读什么书是选择读书种类的问题，也是选择人生道路的问题。

成长中的青少年对书籍有着一种本能的渴望，他们渴望了解外面大千世界的精彩，获取社会发展变化的前沿信息，感受人类历史的深邃与恢弘。

然而谈及当今学生的阅读状况，却让人非常担忧。学生在读课外书时有太大的盲目性和随意性，而且读书的目的甚至带有功利色彩。学生在有限的阅读时间里是如何读书的呢？调查发现，现在很少有学生孜孜以求地去读一本课外书，读书就是看热闹，图好玩，一目十行，走马观花，热衷于那些猎奇的、情节曲折的、富于幻想的卡通书和故事书。就连大学生也是这样。《光明日报》在高校做的调查结果表明，应用类书籍占据了学生课外阅读时间的一半以上（所谓应用型书籍，大致指英语、计算机、经济、法律等方面的考试用书）。应用类书籍成为高校最流行的书籍的根本原因在于：发展需要——就业形势紧张，多一张证书就多一份保障。

其实读书的效用是很难说清的，“有用的书”也许能给我们一些即时的辅导与功利，“无用的，我却喜欢的书”在给我愉悦的同时也许会带来终身的影响。因此别小瞧你认为现在无用的书，也许它将发挥潜移默化的作用。有统计资料表明，当前学科的门类已达2000多种，科学知识的年增长率在10%以上；另一方面，知识老化的速度也在加快。正如福特公司首席专家路易斯·罗斯所说，“在知识经济时代，对你的职业而言，知识就像鲜奶贴着有效日期……如果时间到了，你还不更新知识，你的职业生涯会很快到了有效期。”其实，阅读行为说白了没有对错之分，读什么，怎么读，每个人各有不同。对真正的读书人而言，“爱”远比“应该”重要。而“爱”是不能强迫的，也是不能替代的，在真爱面前，任何“谆谆教导”都显得有些荒唐。读书人往往不需要说教，他们宁可像游牧民族一样在草原上漫游，碰到什么是什么，逮住一本读一本。但有一点是肯定的，那是切合他自己的书。读哲学和历史著作，能提高思维的质量；读科普著作，有利于把科学的道理与人文精神结合起来；读高品位的书，形成高品位的价值判断和选择标准。

读书犹如采金，有人沙里淘金，读破万卷，小康罢了，有人点石成金，随手翻翻，便成巨富。区别就在于“会读书”。读书的你并不意味着必须被书完全“同化”，因为并非每本书都值得你去“吸收”。爱读书的人常有这样的体验，在读书以前，希望每一本书都是一个意外，然而在读了后，才知道每本书都值得怀疑。

正确的读书态度是，在读书中加入思索。应该说，读书最重要的是思索，读书是花朵，思索却是果实。叔本华甚至认为，喜欢阅读一目了然的书的人是懒惰的人，只有阅读那些需要自己反复思考才能明白书中内容的人，才是真正的读书人。古希腊哲学家曾说，“未经省察的生活是不值得过的”，我们是否可将之引申为“未经思考的阅读是没有意义的”。思索不但使你与别人拉开距离，而且使你与书本拉开距离，使你能站在一个新的高度审视自然与人生。作家朱苏进说：“没有思索的阅读就像一个人没胃，而只有一张巨大的口腔。整个人便是一条孜孜不倦的过道，将所有的美好的书贬值为垃圾。”读书时，该把自我作为一个凝聚点，不该把自我溶解在书中，而该把书的精髓吸收到自我中来，对自我而言，一切都只是养料。福建师大张善文教授推崇一种“死去”、“活来”的读书法（《福建日报》2001—02—09，黄黎星文）。所谓“死去”指的是读书时要下足工夫，精研细品，以求全面、透彻地把握与理解；“活来”指深思明辨，跳出俗套，力求有所创新、有所发展。笔者以为，“死去”与“活来”间实际上体现出一种辩证的思维，如果说“死去”是“走进”作品的话，“活来”便是“走出”。没有真正的“走进”，谈不上对书的真正理解，没有与书保持距离的“走出”则会沉湎于旧书，谈不上“活来”的创造。而这“走出”与“活来”的过程其实就是思索的升华。

读书要选择“好书”，那“好书”又是什么样的呢？“好书”是相对来说的，所谓“一千个读者就有一千个哈姆雷特”，对每一个读者而言，“好书”应该是能激起你的思索和共鸣的书。有人认为，一个人平日读什么书，会在听觉中形成一种韵律，当他写作的时候，他就会不由自主地跟着这韵律走。可见“好书”对人的影响真是大，大到读者会将自己“埋没”，大到决定其写作的档次。读“好书”，你还要学会在与书保持距离的时候，同时保持一种平等，即把自己放在与书的作者平等的位置，否则，它会使你在读书中失去自我。

对家长提出以下几点建议：

1．明确学习目的

家长必须让孩子明确自己的学习目的是什么，这样才能做到在选择图书的时候有的放矢，才能充分发挥读书的作用。

2．养成追求高效率的好习惯

对于效率的追求会使孩子在读书的时候更加集中精力，充分吸收书中的宝贵营养。

3．提高审美眼光，注重道德修养

提高审美眼光，注重平时的道德修养，才能选到有利于身心成长的好书。

坏习惯62. 孩子懒于动笔的坏习惯

最浅的墨水也胜过最好的记性。墨水瓶虽小，却像大海一样富有，孕育着无穷无尽的知识宝藏；墨水瓶虽小，却对谁都一视同仁，只要你愿意向它汲取，它就会给你智慧和力量。

毛泽东同志非常爱读书，他的中南海故居简直是书天书地，卧室的书架上，办公桌、饭桌、茶几上，到处都是书。毛泽东同志读书是很讲究方法的。他每阅读一本书、一篇文章，都在重要的地方画上圈、杠、点等各种符号，在书眉和空白的地方写上很多批语。他读过的书上，批语、圈点、勾画满书皆是。

我们也不妨让孩子养成这样的习惯——不动笔墨不读书。鲁迅先生提出，读书要“眼到、口到、心到、手到、脑到”。读书动笔，能够帮助记忆，掌握书中的难点、要点；有利于储存资料，积累写作素材；也有利于扩大知识面，提高综合分析能力。

俄国文学家果戈理被称做“笔记迷”。他说：“一个作家应该像画家一样，身上常常带着铅笔和纸张。”有一次，他邀请朋友上饭馆吃饭，看到一张菜单，他很感兴趣，拿出笔和纸便抄了起来，以至忘了招呼朋友。朋友不高兴地问他：“你是请我来吃饭的，还是陪你抄菜单的？”果戈理赶忙道歉，这才消了朋友的怨气。他抄这些菜单有什么用呢？后来在他的一篇小说里便出现了这张菜单，使小说里的乡土气息被衬托得更加浓厚了。托尔斯泰也曾说过：“身边要永远带着铅笔和笔记本，读书和说话时碰到一切美妙的东西和话语，都把它记下来。”

这些大文学家的经验告诉我们：读书学习必须勤于动笔。徐特立老人有句名言：“不动笔墨不读书。”多做读书笔记，有利于积累有用的资料，提高文字表达能力；有利于训练思维的逻辑性、条理性。所以，让孩子从学生时代起，就学会做札记的方法，培养做札记的习惯，一定会终生受益。

课堂笔记，功不可没。做课堂笔记是课堂学习的好方法，它可以帮助学生全面系统地掌握知识，为课后复习巩固打好基础；做课堂笔记还能够帮助学生上课集中注意力，聚精会神地听好课。许多中学生不会做课堂笔记，往往将老师讲的，黑板上写的、画的，一股脑儿地记下来，把课堂笔记变成了课堂记录。

课堂笔记到底该如何做呢？下面我们就来看一位高考状元对做笔记的具体经验。他把自己的笔记分为三类：第一类是专用的学科笔记，语文一本，数学一本……便于使用；第二类是各种便笺和纸条，把它们或贴或夹在课本和笔记中，辅助学习；第三类是在课本上直接做圈点、眉批、旁批、尾批，简洁明了。

应该注意的是，上课应以听为主，辅以笔记，不能以笔记代替听课或影响听课；课堂笔记随堂记录，课后应及时补充、整理，以便以后复习，并培养整理笔记的习惯。

重视日记的作用。魏荣爵是我国著名的声学家，1980年当选为中科院院士。他在中学时，特别爱写日记。他认为，写日记既记事，也写感想，长年累月，集腋成裘，过些时日再翻阅，不仅对往事是个重温，并且有益于未来，是用文字表达思想的训练。

有的同学会说：“不就是写日记吗，谁不会呀？”但是，日记得每天都得写，贵在坚持，一天不记就不叫日记。每天写，并非每天写上长长的一篇不可。生活每天都是新的，抓住每天中一个值得书写的片断，写三两句也可以，当长即长，能短则短，要有感而发，写出真情实感。记日记是练笔的好办法，不写日记，则“无穷妙绪，皆如雨珠落入大海矣”。

对家长提出以下几点建议：

1. 选准目标，防止盲目摘抄

如果没有明确的目标，随意地摘抄，不仅对孩子的学习没有帮助，还会使他们劳而无功，影响他们的前途。家长应该指引孩子，哪些书可读，哪些书可抄，不要做无用功。

2. 充分地运用自己的笔记

记而不看一阵风，记而不用一场空。读书札记、课堂笔记做了一箩筐，但却不加以运用，只能变成一个“笔记篓子”。

3. 把写日记坚持到底

日记好记，但难在坚持，把日记变成月记，就收不到理想的效果了。为了使日记多样化，指导孩子不妨在日记本上开出这样一些栏目：如“人物素描”，专写同学、老师、亲人等熟悉的人物；“风景线”，专门描绘美丽的自然风光；“人生偶得”，写自己对生活、对社会、对人生的感悟和看法等。

坏习惯63. 孩子不擅变通的坏习惯

一个人，不管其知识功底是深是浅，只要他能够多方向地思考问题，来达到举一反三、触类旁通的效果，那么他的头脑就相当灵活，思维就相当活跃，他的创新想法也就会源源不断，汩汩而出。

巴柴是位钓鱼老手，他经常到纽芬兰结冰的海岸上凿洞钓鱼。日子长了，他发现了这样一个规律：把钓到的鱼放到冰上，鱼就会马上冰冻起来；如果鱼身上的冰不融化，即使经过几天，鱼的味道也不会变。对于这个规律，他很是惊奇，于是便决心进一步试验蔬菜和肉类冰冻的效果。结果更让他惊喜，这些东西跟冰冻鱼一样，也能持久地保持鲜味。之后他又进行了锲而不舍的试验，终于有一天，他研究成功了保持原来食物新鲜度的冷冻方法。于是，巴柴申请了“冷冻法”专利，并以3000万美元的报酬卖给了通用食品公司。

巴柴是靠什么成功的呢？他靠的就是善于变通、举一反三的思维方式。冰冻的鱼能保鲜，那么蔬菜呢？肉类行不行呀？一种思维方式可以改变一个人的一生，这一点也不夸张。

“举一反三”是类比推理的一种，是根据两个不同对象的某些相同属性，在它们中间建立起某种联系，使得我们在面对它们时能更拥有主动性。

汽车作为现代社会的重要交通工具，具有很多的优势。但是，有很多人一坐上汽车，就会有头晕、胸闷、恶心等异样的感觉，这使得他们对汽车抱有一种恐惧的心理，这在医学上称为“晕动病”。导致“晕动病”产生的原因很复杂，有生理的，也有心理的。但是，其中有一个普遍的因素，是人在车上的时候，眼睛总是投向窗外，眼睛里收纳的是飞快移动的千变万化的事物，人在瞬间接受这么多的东西，犯晕是很自然的结果。瑞士的医生们注意到了这一现象，他们考虑可以通过某种方式使人的注意力变得集中，使人在车上的时候，能沉浸在某一动人的事物当中，因而可以不被车窗外的事物干扰。于是，他们想到了墨镜对眼睛的保护作用，想到了视频对眼睛的吸引作用，然后把这些想法加以综合，设计出一种带画面的眼镜。人戴上它，就可以尽情地欣赏其中的风光，把晕车的感觉抛到九霄云外了。这种神奇的眼镜解决了许多人的晕车问题，得到了大家的认可。

只有不断将思索的方向扩展，在事物间建立起普遍性的联系，才能从一个发明走向另一个发明，由一个成功走向另一个成功。

对家长提出以下几点建议：

1．寻找共同点

事物之间总有或远或近、或大或小的联系。孩子们抓住了这些联系点，就是抓住了一张网，可以轻松地捞起丰硕的鱼。

2．关注不同点

不同点对于事物才是更为重要的，一个事物之所以有别于其他事物，关键就在于这个不同点上。孩子们通过认真观察，发现其中细微的差别，就可以从一个跳板跳到另一个跳板，不断地向前发展。

3．加强举一反三的训练

例如，做数学题，用一种方法、方式解出了一道题，家长应督促孩子尽快去做相关的题目，达到举一反三的效果。其他科目也是同样的道理。

4．肯定孩子的思维跳跃

孩子们常常会有一些奇妙的想法、新奇的创意，他们的思维不是亦步亦趋的，而是跳跃的。这是好事，家长要充分给予肯定。

坏习惯64. 孩子笔记做得缺乏条理的坏习惯

课堂45分钟，老师讲解的东西很多，不做笔记，是根本无法把知识掌握好的。有了笔记，可以使所学的内容条理化，可以把所听的知识进一步巩固，可以为以后的复习提供重要的参考资料。

鑫鑫是一个十分聪明的孩子，他的记忆力的确比一般人要高出很多，因此他慢慢地自傲起来。他很瞧不起那些在课堂上兢兢业业记笔记的同学，说他们是脑子太笨，是不得已而为之的，像他那样的聪明人就完全可以告别笔记了，同学们也没有什么话可以反驳他，因为下课的时候，大家一块回忆所学的内容，他居然都比记笔记的同学记得要清楚。时间就这样过去了，考试来临了。聪明的鑫鑫失利了，他的成绩只能勉强排在中游，这与他平时的表现有天壤之别。他弄不明白，为什么自己那么聪明，才考到这样的名次。

俗话说，好记性不如烂笔头。即使是再聪明的人，他的记忆力也是有限的，既不能接纳太多的容量，又不能持续太长的时间。要想把学习成绩搞好，必须记有一手好的笔记。

一本好的笔记，必须是重点突出，让人一看就能明白哪些是本课要花大力气深入思考的东西，哪些是要重点掌握的东西，哪些东西需要多次的复习，哪些东西只是提示性的话语，不需要费很长时间来回顾。

笔记的重点部分一般都是记录老师对于知识点的精析，或者是老师对课文的概括，再或者就是老师对于一些需要继续思考的问题的提示，这些重点内容对于我们掌握知识、深化理解、继续拓展有着重要的指导作用。

一个会记笔记的学生经常把笔记设计得很有特色。例如，他们会把对课文的理解记在笔记的主体部分，把老师提出的疑问记在笔记的边角，并用特殊的符号表示出来，如画一个问号，等等。

不要认为记得多的笔记就是好笔记。记笔记并不是多多益善，如果记得很多，但却没有重点，不仅不能把老师所讲的主要内容明确表示出来，反而会浪费大量的时间，使自己不能正常地听课，这就是为笔记所累了。

好的笔记不仅内容好还要有好的形式。假如我们把重点也记了，难点也写了，老师的提示也没有漏掉，但是我们没有给笔记设计一个好的形式，像杂草一堆，那好的内容也大打折扣了。

笔记的条理性能够帮助我们把知识更鲜明、系统地影射到脑子里。一篇课文的笔记可以这样设计，先是本课的标题，醒目惹眼。然后是逐条地记录老师讲解的重点、难点知识，可以在笔记的两侧设计上空栏，以便随时把老师的提示写上去，也有利于以后对笔记的补充说明，还可以用它来添加一些自己对本课内容的理解或是疑问。看起来一目了然，十分清晰。

笔记条理性的另外一个很大的好处是，在复习的时候可以形成一个系统概念，该课有哪些知识点，可以从哪些角度来思考，哪些问题又是考试的热点，在一本条理清晰的笔记里，这些问题都不是问题，这样在复习的时候就可以省下很大力气。

有很多孩子认为书写问题只是一个很表面的功夫，不值得一提，在这里我们又来说这个问题，是不是有点小题大做了呢？其实不是这样的。书写工整的笔记不仅仅是看起来舒服的问题，它可以让整个笔记带给人一种愉悦的感觉，很自然地对它产生一种亲近感，这样复习的效率就会大大提高。同时，书写工整的笔记也是笔记有条理的一个重要的条件，它保证了笔记的形式美。

对家长提出以下几点建议：

1．给孩子准备专用的笔记本

要保证孩子每一门功课都有一本专用的笔记本。笔记本不是一件可有可无的东西，就像上课都有课本一样，笔记本也是每个孩子必备的。

2．笔记的记法要给孩子多说明

告诉孩子笔记要记得有详有略，重点难点突出；笔记要记得有条理，看起来一目了然；笔记要书写工整，不能龙飞凤舞，潦潦草草。

3．笔记要常常加以整理

在课堂上记的笔记，由于时间紧张，不可能记得很详尽、很仔细，这就需要我们在课下把它补充全面。另外，笔记的内容也不是一成不变的，随着我们知识的更新，笔记也要进一步发展完善。

4．笔记要常拿来翻翻

如果记了一本很好的笔记，却让它在书包里沉睡，就等于没有记笔记。常常把笔记拿出来看一看，对孩子的学习有很大的好处。

坏习惯65. 孩子学习没有计划的坏习惯

对于学习，许多学生心中都缺少一个大致的系统认识，例如老师讲到哪里了；回家怎样复习老师今天讲的内容；今天还有哪些东西没有弄懂；什么时候处理自己的问题等等。这些学习中常见的问题，在头脑中形不成一个框架，只知道天天跟老师走，老师让怎样就怎样。殊不知，一个班级有那么多的学生，老师又如何能根据每一个学生的具体情况，确定每一个学生的学习进度？

田忌赛马的故事很有道理，很能说明计划的重要性。战国时候，齐国人田忌奉齐王命令，与秦国国王赛马。秦王的马个个膘肥体壮，威风凛凛，明眼人一看就知道，齐国的马不如秦国的马。比赛开始了，田忌非常沉着地将自己的马队，分成了三个小组：好马一组、中等马一组、劣马一组。就这样，比赛开始了。第一轮，田忌用自己的劣马和秦王的好马比赛，结果可想而知。第二轮开始了，这一次，秦王用的是劣马，田忌就用中等马与之较量，田忌取得胜利。第三轮，秦王用了自己的中等马，这时，田忌就用自己的好马与之较量，田忌大获胜利。三轮比赛，田忌赢了两轮，也就赢得了比赛。

由此，我们可以看出，田忌计划的细致程度，直接影响了他在比赛中的成绩。如果他没有好好地作出计划，是不可能赢得比赛的。学习中的计划性也同样重要。

英国有一句谚语说："只工作而没有计划，只能事倍功半，让人变傻。"

大多数有过考研经验的人都知道：考研的任务繁多，时间较长，因此有一个大致的整体计划能够保证全面、有序地把这场持久战打到底。有了计划才能做到心中有数，不至于东打一枪西放一炮，没有效率。在大的计划之下，还要有各个阶段的小计划，同时还要根据具体的进度不断地修改自己的计划，以有利于集中力量，各个突破。计划对于学习的重要性，由此可见一斑。

在当前的炒股大潮中，有许多的新股民要投入股市，成为股市大军的一员，但是，他们通常不具备制定一定炒股计划的能力，因而没有承担后果的心理准备。他们的选择就是"跟随"。可能跟随隔壁的剃头师傅，也可能是楼上的裁缝。这些新手就轻易越过了做决定的横杠。一位缺少计划的投资者的输赢是非常随机的。就如同抛硬币一样，无论你怎样想，也不知道下一次是出现正面还是反面。

在股市上，上回赚了钱，他不知道为什么，所以他不知这回如何做才能重复赚钱；亏了钱，他也不明白为什么，所以也不清楚这次该怎么做去防止再次发生亏损的情形。他只会觉得自己失去了控制，在股市的海洋中无目的地漂流，不知下一站是何处。这显然是没有目的性和计划性带来的弊端。

现在的世界不稳定的因素越来越多，很多人都认识到自己的明天的确是完全不同的另一天，所以越来越多的人开始审慎地计划自己的人生了。

中学生对自己一生的学习，也应该有一个计划：初中毕业了，考哪一所高中；高中毕业了，考哪一所大学；大学毕业了，是否还要读研究生；是否还要读博士等等。心中有了一个计划，才有可能为了这个理想全力以赴地去拼搏。古人说："时光如水无返时，立志当从今日始。"就是这个道理。

要提高学习效率，保证计划有效进行，首先就要学会控制自己的意志。不管是听课还是阅读，都要集中自己的注意力，不让各种杂念来扰乱自己的思想感情，认真进行思考。同时还要注意遗忘的规律，根据艾宾浩斯的遗忘曲线，我们可以知道，在学习的最初12小时，如果能够及时地复习，就会很快记住所学的东西。接下来，隔三天复习一次，隔一周复习一次……这样，就可以真的把知识牢固地记在心里了。

对家长提出以下几点建议：

1. 帮助孩子与遗忘做斗争

识记不能一劳永逸，巩固识记的基本条件是复习。需要懂得遗忘的规律是先快后慢。经验表明，熟记一种材料以后，在前5天忘的量比后5天大。根据这一规律，复习次数应先多后少。好比一个堤坝，应该在它渗漏之前，就及时加固，而不要等它崩塌之后再来重建。

2. 正确监督孩子完成计划

孩子产生了惰性时，不能粗暴对待，而应该与他比赛，用他的好胜心激励他继续实行计划。如比赛看谁先记住一些单词等，可以适当地让他“先进”一些，让他产生一种自豪感，从而更加愿意学习。

3. 帮助孩子安排计划

星期一至星期五除了上课之外，要把早自习和放学回家以后的时间安排好。早自习可以安排背诵、记忆基础知识、预习等内容，放学回家主要是复习、做作业和预习，还应该有玩的时间和劳动的时间。

周六和周日应安排小结性复习、做作业、劳动、文体活动以及参加课外兴趣活动等。内容不可排得太满，否则影响效果。

坏习惯66．孩子死记硬背的坏习惯

死记硬背书本知识，缺乏对知识深入、透彻的理解，是今天还在继续的学习的“悲剧”。素质教育提上日程之后，人们认识到应该“以人为本”，彻底清除传统学习方法中不科学的垃圾。

我国加入WTO之后，随着对外经济文化交流的日益深入，人们学习英语的热情如火如荼。然而，“习而不求其道”，许多人走了不少的弯路。甚至有不少硕士研究生，他们中学学了6年英语，大学学了4年，读研期间还在学，可是口语表达内容仍然有限，英语书面表达能力仍然相当于汉语的小学二三年级水平，让人十分痛心。

究其原因，其中有很多都是因为学习方法不科学。

有很多人在学习英语时，死记硬背单词，他们认为，单词+语法=英语。在这一认识的误导下，他们死背单词短语，硬抠句法结构，收效甚微。单词背了又忘不说，口语和书面表达方面充其量也只能凑出几句中国式的英语。

重庆华电翻译有限公司的翻译家梁明明先生也曾经在其《翻译心得》一文中说：“我接触了一些大、中学生，发现他们的学习方法很有问题，遇到一些语法、语音的规则只会死记硬背，不善于发掘其规律，不知道走快捷方式。举个简单的例子，连读和辅音浊化问题，其实这是为了自己说话方便才有的规则。语法是为人服务的。只要掌握了规律，学习是可以事半功倍的。可是有的人过分重视语法，机械地记忆介词、副词的用法，就会适得其反了。”

其实，在英语的学习中，生词固然需要背诵，语法固然要熟悉，但也需要得当的方法。比如，应该将单词的记忆由短期记忆转变为长期记忆，应该不断分析、摸索重点词语的特点，深谙单词与单词的搭配，活学活用常见的词语和表达法，通过定量的练习，巩固、激活和扩大自己的英语词汇量。

并不仅仅是在英语的学习中会遇到这种情况，在当前各门功课的学习中，很大一部分人僵化地认为，只要把书上的东西都记住就万事大吉了，其实这真是一种很愚蠢、很不切实际的看法。

诚诚是一个尖子生，很受老师的赞赏，他的学习方法就是死记硬背，力求记住课本上的每一个字，每一句话。在考试时，往往旗开得胜，十分灵验。大家都很羡慕他的记忆能力。可是到了中学以后，他就不行了。小学开的科目少，一个人的记忆潜能充分发挥出来，也许会有好成绩。但是中学就不一样了，中学课程科目繁多，每一门都要花费大量的精力，想记住书上的每一个字、每一句话，几乎是不可能的。可是，诚诚却没有因此而改变自己的学习方法，还按照以前的老套路死记硬背，结果可想而知，他的成绩一落千丈，曾经是一个佼佼者的他，最后勉强上了一个职业学校。

大量的实践经验证明，死记硬背的东西是记不牢的，就算记牢了，也无法将其运用到实际中去。只有把教材真正理解了，吃透了，才能变成自己的东西。不理解的东西，靠死记硬背，囫囵吞枣，不求甚解，是很难记全、记准的，在考试答卷时不是丢三落四，便是张冠李戴。

传统的教育理念要革新，传统的学习方式要扫清。在当前的教学改革中，人们已经认识到，传统教学中的知识传授重视的是对“经”的传授，而忽视了“人”的发展。新课程的研究和开发就是在强调学生发展的基础上，不仅关注他们对知识与技能的掌握情况，还重视学生掌握知识的过程和方法。

以前更多关注的是学习的结果，而忽略了学生是通过什么样的学习方式和策略来学习的。学生用了什么方法获得知识：死记硬背背会的？大量做题练会的？还是通过自主探究，在发现、解决问题中学会的？这些会导致学生真正意义上的收获的不同，对学生终身发展的影响也是大不一样的。

所以，当前的考试大纲所规定的考核要求中，“领会”、“应用”层次中的内容，大多数是考察考生对所学知识的理解程度和应用能力。有的考生不认真地钻研教材，理解、消化教材中的内容，而是死记硬背某些“重点”习题。这实际上往往是事倍功半。因为，试卷中的试题很难同辅导书上的练习题一模一样。死记硬背的考生在遇到试题的表述或角度同练习题不一致时，就无能为力了。明明所考的内容是掌握的，只因为提法不同，也往往解答不出来。

科学家曾做过调查实验，结果发现在100个少年儿童中偏高智商的只有3%，偏低智商的占2%，而大多数孩子属于一般智商，等待开发。最新的科学研究发现，影响孩子智力发展和学习成绩提高的最大障碍是学习知识的方法问题。如果让一个孩子死记硬背一篇他完全不理解的诗文，结果是什么？如果让一个孩子整天埋头算题，不会分析，不会创造，结果又是什么？而这恰恰就是现在传统的“老师讲学生听，一年一年往上升”的被动教学模式，浪费了孩子大量的能力资源。

黄炎培是我国著名的教育家，曾经创立了中国教育会、中华职业教育社等教育协会，他对儿女的教育为我们教育子女做出了榜样，他的经验很值得借鉴。黄炎培认为中学是一个重要阶段，他要求他的孩子们在上中学时必须学好三门课程：国文、外国文和算学。他说：“算学训练头脑，使之清澈、正确、精密，影响于思想很大，文字学科，是吸收各种知识的唯一门径，都应值得重视。”他还认为，学习最忌死记硬背，特别是理科学习，更重要的是弄清楚道理，因此不论学习什么内容，都要问为什么，这样学到的知识似有源之水，有本之木。他在同孩子们的相处中，时时用心观察每个孩子的天赋和秉性，并且根据他们的兴趣和爱好，对他们因材施教。如他发现一个孩子喜欢玩积木，能够制作成各种建筑图形，便常常带他到高处去看上海的市容全景，引导他去学习研究建筑业。在孩子们的学习中，他总是根据他们的兴趣，把学习的内容给他们讲透，并将知识编成有趣的故事让孩子们接受。

在黄炎培的教育下，他的儿女们得到了健康成长。他们与父亲之间的关系深厚至极。他的儿子方刚就常常与父亲在一起研究学问，是父子，又是同志。

对家长提出以下几点建议：

1. 注意帮助孩子预习

通过预习课文，可以初步了解教材某一章（节）的全貌和知识结构，而后带着重点、难点和问题听课，能增强听课效果。

2. 认真研究考试《纲要》

以此为纲进行复习，在复习中研究相应的对策，有的放矢，始终围绕提高孩子对题目的理解和解答题目的能力来进行。帮助孩子追根溯源，寻求事物之间的内在联系。

3. 教育孩子“尽信书，不如无书”

教育孩子养成发散、联想的思维习惯，鼓励他们多动脑筋，在思考的基础上敢于怀疑，大胆探索，经常让他们做一些智力题，以改变其思维习惯。

4. 帮助孩子养成正确的听课习惯

指导他们要边听边看，边听边想，用一些自己熟悉的符号画在书上帮助记忆，注意老师所讲的要点，学会给老师提问题，带着特定的目标去注意听讲。

5. 帮助孩子理解学习内容

理解和熟记结合得越好，知识就学得越扎实。家长应该帮助学生理解所学的内容，只有理解了的东西才能更好地记忆。

坏习惯67．孩子做作业及写作文条理性差的坏习惯

有条理的好习惯，对人的学习和生活都有很大帮助。有条理的文章可以成功地传达作者的思想，起到交流作用；有条理的生活可以使人拥有更大的成功可能性。应该培养这种好习惯，杜绝那种潦草、马虎、条理混乱的坏毛病，这样才能真正达到良好的学习效果。

有许多同学在做作业时，常常出现的坏习惯就是潦草、条理性不强，这是很不好的现象。

在我们的日常生活中，我们把人物的经历或事物的发展变化表达出来称为叙述。所以，我们每个人都有叙述的机会和必要。可是如果我们连最基本的说话技巧都达不到的话，那我们的生活将会是一团糟糕。

按照条理和顺序，才能更好地表达我们的思想，否则我们不可能达到自己想要的效果。古人也非常重视顺序对学问的重要作用。如欧阳修的《新五代史》在编排体例上，推翻《旧五代史》一朝一史的基本格局，打破朝代界线，把《旧五代史》中梁、唐、晋、汉、周五朝的五本史书以及中原以外割据政权的十小国按其世家划分编排，修撰为《世家》、《世家年谱》等。

在生活中还有一些因为没有条理而造成的遗憾。例如说申请出国留学，曾经有位美国签证官在评述许多人的申请材料后，就说有很多中国人的材料组织得很差，次序混乱，甚至空洞无物。而有的证明材料竟是用汉语草书写成的，别说是美国人，就是中国人看都很困难。如果签证官看不

明白，不能很好地了解你，如何能轻易给你签证呢?

这些事例无一不在向我们证明，不管是做学问还是日常生活，我们都应该重视认真行事和条理清晰的好习惯。

学习，尤其是在写作文如说明文的写作训练中，就有很多的同学因为没有注意说明顺序，导致作文条理混乱，影响了其科学性，以至于在作文中失分很大，在考试中吃了大亏。

北京大学教育系的周扬同学曾经是河南省高考文科状元，他在总结自己的学习经验时，对于“条理性”在语文学习中的作用深有感触。

周扬平时就很重视对语法知识的梳理，将关键性的语法牢牢记住，尤其是在语文中的语法知识和特殊用法。他分析了大量获得高分的高考作文，发现考试作文与作文竞赛大相径庭。高考作文最重要的是立场的正确、结构的完整和有条理；另外语言也要通顺流畅。只有这样才能使阅卷老师迅速发现你的论点、论证结构，做到通俗易懂。因为阅卷老师批阅的作文很多，假如写得过于含蓄、虎头蛇尾、条理混乱，那么他很可能认为这篇文章很差，这对于考生而言将造成极大危害。

另外，在研究阅读文段时，周扬也深深地感觉到了条理性的重要，尤其是在阅读一些说明文、议论文时，如果平时就已经养成了有条理的好习惯，那么在考试时就会对这些阅读题有很大的帮助。

有不少孩子觉得作文难写，总是无法将自己的思想真实、通顺地反映在作文中。

不是所有的东西都像时间、空间那样有明显的条理，可是写到纸上，就要有条理，这条理是从思路而来。这思路的条理不是无源之水，是有客观事物的条理作为基础的。

思路，由此及彼，是有规律可循的。在智力所能及的范围之内，不同的人，经历不同，学识不同，思路的具体内容也可以不同。比如说，农民由秋风会想到收获，诗人则会由秋风想到岁月无情。

没有条理的思路无法真实反映作者的思想，无法让读者毫不费力地了解作者的原意。有条理的思路，写到纸上，成为文章，一方面满足了作者的需求，一方面满足了读者的要求——在人与人之间成功地传达了思想感情。

作业是衡量一个学生对自己学习内容所掌握情况的标准，每个学生都应该认真对待，潦草马虎的态度是要不得的。整齐的、条理清晰的作业才能让老师看得懂，让老师看出你的认真和虚心，这样老师才能根据作业情况了解学习情况，从而有效地指导学生的学习。

对家长提出以下几点建议：

1．帮助孩子检查作业情况

家长应该耐心指导孩子检查自己的作业情况，看看是否有认不出来的字，是否有条理混乱的现象存在，并帮助孩子解决这些问题，端正其做作业的态度，让其充分地认识到这些坏习惯的弊端。

2．教会孩子写作文时应该列出提纲

提纲有助于思路的条理化，使之明晰，使之渐臻完善。要让孩子懂得，写文章下笔之前，思路的明晰程度很不同。只有列出提纲，理清思路，才能写出好的文章。

3．帮助孩子整理思路

要让孩子量力而行，不勉强他一定要有十分好的思路，但是一定要鼓励他在写作的过程中学会整理思路，慢慢地想得多而细致，形成篇章结构的蓝图，或说腹稿，只装在头脑中也无不可。

4．培养他们养成认真的好习惯

一道题没有做出来，就一定监督他认真做完。也可以用他喜欢的东西，如游戏机等吸引他完成作业后再来玩儿。作业中发现错误，就一定要监督他认真改正，严禁得过且过。

坏习惯68. 孩子采用不当的学习方式的坏习惯

孩子都有自己的学习特点，帮助孩子找到适合自己特点的学习方式是提高孩子学习效率的关键。所以，父母不可忽视让孩子采用适当的学习方式的正确指导。

林林，天津某小学三年级学生。林林的父亲反映：林林的学习成绩一直不好，经常“亮红灯”。林林的父母都认为孩子的主要问题是“贪玩”，因为他们发现林林特别喜欢“动”，背课文的时候喜欢摇头晃脑；讲话的时候也喜欢不停地做手势；热衷于搞“活动”，如手工艺、小制作、做游戏等。

对于孩子在学业方面的失败，家长和老师惯用的归因无非是两点：孩子的智力和努力。然而，我们身边确实不乏无论智力和努力都至少能达到中等水平的失败者。怎样解释他们的失败？事实上，孩子的学习成绩和表现除了受智力、努力的影响外，还要受到很多因素的影响和干扰。在学习过程中，是否采取了正确的、最适合自己的学习方式，是影响孩子学习兴趣和学习成绩的重要因素之一。

每个人都有最适合自己的学习方式。每个孩子都可能是聪明的，但每个孩子学习的方式可能截然不同。

在学校，会有这样的情形：在回忆某一学习内容的时候，有的孩子主要回忆出老师当时是怎么说的；有的孩子则能清晰地回忆出老师在讲解这部分内容时所作板书的位置；有些孩子可能对老师当时说过的话和写过的板书都记忆不清，但却能回忆出老师当时的行为和动作。他们各自借助不同的回忆来触发灵感，帮助思考。

从这里我们不难看出，每个孩子占优势的学习“通道”和学习方式是不一样的。

一般而言，人类有3种最主要的学习方式。

第一种是听觉学习方式：主要通过“听”来学习。

第二种是视觉学习方式：主要通过“看”来学习。

第三种是运动或者触觉学习方式：主要通过身体运动或者触摸来学习。

每个孩子都有最适合自己的学习通道和学习方式，有些人最好的学习方式是视觉学习，有些人是听觉学习，而有些人则是触觉学习。

想象一下指点孩子去坐车的情形。我们可能用言语告诉孩子：“从这里向北走大约100米，左拐弯，一直走到一个十字路口，右拐弯，再往前走约150米的地方，你会看到一家超市，你要乘坐的公共汽车站就在超市对面。”如果孩子听完这番话后，立刻就能明白，他就是一个听觉学习者。如果孩子听完这番话后大叫：“慢点，我都听糊涂了，给我画张图吧。”这说明他很可能是个视觉学习者。如果孩子在听的过程中，不停地在房间里走动，用身体运动来“实践”你的指示，并借此记住你描述的线路，那么，他很可能是个运动或触觉学习者。

不过，并不是所有的孩子都只会用一种方式学习。有的孩子掌握信息的最佳方式是通过阅读，有的孩子是通过听，也有的孩子自己动手操作时的学习效果最好。

只有当父母采取的教育方式以及孩子自身所采取的学习方式与自己的最佳学习方式完全“匹配”的时候，才能够达到最佳的教育效果和学习效果。

然而，我们的教育往往是“大锅饭”，往往无视学生学习上的差异性而采用统一的教育模式。传统上，学校教育主要采取听觉和视觉方式教学，特别是在高年级。因此，那些倾向于视觉和听觉学习方式的孩子通常在学习上容易成功，而那些倾向于运动和触觉方式学习的孩子则存在着困难。

正因为这样，很多学习成绩不好的学生，往往被贴上“学习无能”的标签，事实上，可能他们并不是一个学习无能者。因为很多被标为“学习无能”的孩子，在用适合他们学习方式的措施教学时，大多数人能对学习保持很高的兴致，也学得很好。

父母要使孩子找到最佳学习方式，可采取以下几种措施：

1．家长应该注意观察孩子的学习和日常行为，了解孩子是怎样学习的

需要记住的是：这样做并不是给孩子贴上标签，它只是使父母能找到最适合孩子的学习方式和方法。孩子可以通过多种方式学习，但肯定有一种是最适合他的方式。

2．帮助孩子利用自己的最佳学习方式

在了解了孩子的最佳学习方式是什么之后，家长和老师应该鼓励孩子在今后的学习过程中更自觉、更积极地利用这一点。对大多数孩子来说，他们并不一定知道如何更自觉、更主动地来“监控”自己的学习过程。他们只是被动的学习者，老师怎么讲，他们就怎样学；他们很少反思自己的学习方法。因此，父母应该帮助孩子意识到自己的最佳学习方式是什么，并通过示范让孩子知道如何更充分地利用自己的“优势通道”。

3．帮助孩子运用多种学习方式学习

孩子用最适合自己的学习方式学习无疑可以起到事半功倍的效果。但是，这并不意味着他不能用其他方式学习，也不意味着他永远不能学会用其他方式学习。事实上，应该鼓励孩子使用和发展所有的学习方式。

坏习惯69. 孩子不及时改正错误的坏习惯

我们都看见过慢慢坏掉的苹果，那就是因为它的身上已经有了真菌，可是人们没有在意，最后，由一点扩散开去，苹果就渐渐彻底烂掉了。这是我们生活中常见的一种现象，它给了我们很深的启示：防微杜渐。

我们都读过“千里之堤，毁于蚁穴”的故事，它告诉我们要防微杜渐，及时改正生活和学习中的错误和缺点，做一个真正有用的人。

小梅学习成绩优良，常常受到老师的表扬。假日的一天，他与朋友小寒、小玉相约到野外郊游。回来的路上，经过一片苹果园。苹果园里静悄悄的，一个人都没有，看着又圆又大的苹果，闻着诱人的香气，大家这才感到又累又乏又渴。小梅说：“咱们摘点吧，没关系，反正没人看见。”小寒说：“这不是偷吗？不行！”小玉说：“不就是几个苹果吗？就这一次，下不为例。”小梅和小玉抱着侥幸心理，为自己的错误行为找借口，岂不知长此以往，就会给自己的错误行为大开绿灯，从而导致更大的错误。

最后，小玉在小寒的劝说下，找到了卖苹果的老汉，拿钱去买了苹果吃。小梅却摘了两个苹果一边吃一边想：小寒他们真傻，现成的苹果不吃，却要自己花钱买。

从此以后，小梅不断找机会到苹果园摘苹果吃，起初还很害怕，但一直没有被人发现，慢慢地她的胆子越来越大。开学了，小梅不再有机会到苹果园，但班里的同学经常发现自己心爱的文具不翼而飞，其实都是小梅干的。

有一天中午，小梅来到老师办公室交作业。老师办公桌上放着100元钱，小梅看看四周空无一人，就把钱拿走了。后来，小梅的胆子越来越大，更猖狂地进行盗窃。偷同学的，偷老师的，偷家里的，还把恶手伸向了社会。最后，小梅在一次偷窃时被当场抓获，扭送至公安机关。

从偷苹果这一件小事开始，小梅由一个成绩优秀的学生，小错不断，逐渐养成了小偷小摸的习惯，最终导致犯罪。由这个真实的故事，我们可以得出这样的教训：小的错误如不能及时改正，就会酿成大错。

每个人都有犯错误的时候，小时候的列宁因打碎花瓶说过谎，幼年的卡耐基还偷拿过家里的钱，但是这并不妨碍他们人格的伟大，因为他们能及时改正错误，重视小错的危害，知道如果不及时改正小错就有可能发展成大错。因此，要防微杜渐，首先要解决的是思想认识的问题。只有思想上有了正确的认识，才能及时改正错误。

不仅仅在生活方面是这样，学习上更是如此。有很多同学在平时就爱犯一些小毛病，比如每写完一个单词就点一个小点，家庭作业中常常出现一些很常见的错误，可就是不愿意及时改正。到了考试的时候，往往习惯性地按平时的标准做题，于是就会漏洞百出。

小错易改，大错难纠，而且极可能造成严重后果。“千里之堤，毁于蚁穴”，假如刚开始有漏洞时就及时堵住，假如苹果在刚刚溃烂时就及时处理，假如小梅在初犯小错时就及时改正，这一切还会发生吗？

进电脑房必须换鞋，保持机房整洁，这似乎是大家都明白的道理。三年级的电脑课结束了，同学们依次出来换鞋，有一个男孩走出教室换鞋时问老师：“老师，我们都换拖鞋，为什么你不换？难道你的鞋不脏吗？”听完他的话，老师低头瞧瞧自己脚上的鞋，哑口无言。

第二次上课时，老师在鞋上套了个袋子，并把这件事当着全班同学的面讲了一遍，并承认他这样做是不对的，十分感谢这个男孩帮他指出错误，希望以后同学之间、师生之间能互相监督，共同进步。从此，教室里多了一位脚上套塑料袋的老师，而他也受到了学生广泛的尊重和信任。如果做老师的当时一味地强辩理由，不认错，一定会有另一种结果。

这件事情使我们明白：人总有犯错误的时候，但是只要及时改正，同样可以得到尊重、谅解和信任。

对家长提出以下几点建议：

1．温暖原则

北风和南风要看看谁能把行人身上的大衣脱掉，来比一比谁的威力更大一些。北风首先就来了一个凛冽寒风刺骨，它使出了很大的劲对着行人猛吹，结果行人为了抵御北风的侵袭，便把大衣裹得紧紧的。南风来了，它徐徐吹动，顿时天地间风和日丽，行人因为觉得暖意上身，始而解开纽扣，继而脱掉大衣，南风获得了胜利。

温暖胜于严寒。家长在管教孩子时，要以温暖地教导为基本原则，使孩子内心深处真正认识到自己的错误，从而激发其改正错误的决心。

2．讲道理

给孩子讲道理，让他认识到：小错误不及时改正，就会酿成大错误。例如可以讲木桶的故事：一只沿口木板不齐的木桶上，最短的那块木板决定了它盛水的多少，如果木桶上有一个木板很短，那么，其他的木板再长也不能盛多少水。要想多盛水，就要下工夫依次补齐木桶上最短的那块木板。

由此，可以告诉孩子，一点小错误会毁掉整个的成绩，因此应该及时补救，才能避免可能发生的可怕后果。

3．鼓励原则

由于一些孩子已经养成了一些坏习惯，如拖交作业、闹事等，虽然有时想改，但又没有毅力，容易反复。他们最需要家长在他们改正错误的过程中给予指导、批评、鼓励。可以给他准备一张自我竞赛的表格，表格上分品行、纪律、作业、考试成绩等项目，每天放学回家后，由家长监督填写“优、良、一般、差”等，每星期小结一次，并与上星期的情况进行比较。如果进步了，就对孩子有所奖励。

4. 鼓励、安慰

家长不应该过多地责备孩子的错误，更不要说那些伤害孩子自尊心的话，如：“你真笨！”“你真是没用！”而应该在“如何做”上给予孩子具体指导，不断丰富他的生活经验，激发他积极主动进取的愿望，在一次次战胜错误的过程中学到更多的本领，学会辨别对与错。

5. 做孩子的知心朋友

做父母的要尊重孩子的独立性，给他一定的自主权利，与孩子谈话应平等商讨，如果孩子脾气倔强，也要耐心教育，不要用命令、训斥的口气，采用粗暴和强制的方法更是错误的，切忌霸道作风。要了解孩子的内心世界，采取热情关怀的态度，亲切温和的语气，尊重理解的氛围，这样，父母和孩子的感情才能得到交流，孩子也容易接受教育和指引。

坏习惯70. 孩子预习时不用笔的坏习惯

“预习是决战前的火力侦察”，“预习是摘取金牌前的预赛”，反正是进行预习无限好！但是，同是在预习一样的内容，花费的时间也是一样多，预习的效果却会有很大的不同。这是为什么呢？是因为有些人手里多了一支笔。

张仪和杨飞是一对形影不离的好朋友，两个人学习在一起，生活在一起。最近她们有了一个新的烦恼，杨飞的成绩老是提高不上去，张仪帮她研究了很久，也没有任何收获，因此，她们决定去请教老师。老师对她们提了很多的问题，也没有什么结果，因为两个人的习惯基本上是相同的。这时候，杨飞轻轻地说了一句：“除了我不大喜欢动笔，我们两个就都是一样的了，是不是我的脑子要笨一些。”老师听到这句话，终于明白了，症结就在这里。动笔的功劳可是十分大的，不管是预习还是干其他的事情，不动笔就会大打折扣，结果当然就不同了。

预习的时候，在大致了解章节内容之后，要准备一支铅笔，边读边画边写。此时的所画所写都是自己的看法，不一定非常正确，用铅笔便于课上修改。“画”就是画重点、画层次。读过之后，如果找不出重点，分不清层次，就是没读懂，需要再读。“写”就是将自己的体会、看法写在旁边。这些体会、看法正确与否，可以在上课时加以验证。如果有不懂的问题，也可以写下来，留到课堂上去解决。缺少了这一环节，预习就是不完整的。

在预习时，大脑处在积极思维状态，在理解新知识的过程中，会有新的心得体会，及时记录下来，能提高自己的预习效率，提高灵活运用知识的能力。

比如，在预习《〈论语〉十则》时，我们可以划出课文中生命力强的语句："温故而知新"，"学而不厌，诲人不倦"，"不耻下问"，"三人行，必有我师焉"，"有朋自远方来，不亦乐乎"等。预习《岁月，在黄土地上流过》时，可以摘录"月光濡湿了道路，风景渴望青铜与白石的火焰"，"静谧的夜更静谧了，如碧荷上的凝露，也在倾听"，"欢乐在起舞"，"欢乐打开了所有的门窗"，"岁月闯进了冬的迷宫，雪漫长天"等优美的句子。这种工作做多了，我们的语言材料就会变得十分丰富，在以后的学习中是一大财富。

再如，预习一篇文言文，文中必定有不少陌生文言字词，先标上正确的拼音，随后浏览一下书上的注解，再朗读全文。这样对于文言文的理解大有益处。预习语文课文时，需要分段归纳段意及中心思想，还要考虑课后习题，使每道习题都有明确的答案。这其中需要动笔的地方是很多的，一本笔记记下来，收获是很大的。

对故事性强的课文，我们应在预习时做好课堂复述的准备，在课前认真读、认真思索。特别是对文言文，如《狼》、《桃花源记》、《口技》等，必须疏通文字，对故事情节做适当的取舍，通过预习基本读懂课文，能流畅地复述课文。

对许多贴近学生生活的课文，要展开我们的联想。例如《春》，可以联想以往学过的诗句："天街小雨润如酥，草色遥望近却无"等。

精彩的文章，或立意高远，或构思奇妙，或描写细腻，或见解独到，或抒情真挚，或语言精美，预习时，要能发现文章的美点，并有自己的认识和体会。

把种种理解写下来，既是对课文的预习，又是一种练笔。一举两得，何乐而不为呢？

一般章节后面都有思考题，我们可以利用这些题目来检查自己的预习效果，看一看有多少问题自己能够解答。如果遇到难题，也不必花太多时间钻牛角尖，留一些问题到课堂上解决是很正常的。不能因此而挤占了其他学科的时间。例如，学数学，离不开解题。要理解和掌握数学知识，除了边看边想外，还需要动手算一算，这样，可以加深对新知识的理解。

有的同学认为提前做思考题是不是太费时间了？那是因为他们没有看到这样做的好处。

“现在许多学生预习时，只是随便翻翻，根本不知道动手去做做题。从形式上看，他们太舒服了，一切预习事项都由老师代劳；但是从实际上说，他们太吃亏了，几种有价值的心理过程都没有经历到。”这是老师对不习惯动手做预习题目的学生的评价。

在预习中应注意学会利用工具书和图书资料主动解决预习中的问题，把预习所得和疑难问题记录下来，在以后的学习过程中将会收到事半功倍的效果。

对家长提出以下几点建议：

1．要对孩子的预习提出方法、要求

帮助孩子写出预习的提纲，这样便于孩子围绕课文的重点进行预习。要了解孩子完成预习提纲的情况，如孩子对课文理解领会如何，还有哪些问题弄不懂等等。对孩子预习的马虎粗疏之处，应要求其再做认真预习，实在不懂的，要教他做上符号，待上课时重点学习理解。

2．应逐渐培养孩子写自学笔记的习惯和能力

自学笔记包括教材的摘抄、所查阅的资料、工具书的摘抄、所做的练习、提出的疑难问题、学习中的点滴心得体会等内容。

3．帮助孩子解决疑难问题

孩子在预习中遇到的疑难问题，如有可能的话，家长或教师应积极同孩子进行讨论，帮助他解决问题。

4．教孩子拓宽预习面

如联系已学过的知识，也可联系课外读物，从中获取某些知识。在思考问题时，应多提些“为什么”，并让孩子把自己的想法写下来，形成一个良好的习惯。

坏习惯71. 孩子预习时不扩展的坏习惯

预习是课堂教学的前奏，是课堂教学的有机组成部分。预习的方法也有很多，但是不管采用哪种方法进行预习，都是为课堂教学做准备，其目的是逐渐培养学生自己去探索、自己去辨析、自己去历练自主学习的习惯和能力。因此，如果只局限于课本的那点知识，不去深入学习和研究，就不能达到真正锻炼自己的目的。

有些同学认为自己的接受能力稍微差一点，导致学习成绩不佳。所以他们就采取了“笨鸟先飞”的办法，比别人先动手，在课前对老师所要讲授的新知识进行预习，并做到初步理解新课内容。他们的预习安排可谓是十分精细的，有学期预习、周预习、日预习。学期预习，是在发下新书后，针对课本目录做一个大体的浏览；周预习，则特别细致，认真地看书，哪些地方看不懂，还用彩笔特别标记出来；日预习，一般20分钟左右。你看，他们为了预习好功课，确实是花了很大的工夫。但是，他们的成绩还是提高不快，老是保持一种不高不低的状态，这真是叫人苦恼的一件事。

你知道他们还缺了什么工作没做吗？实际上，他们忘记了一件很重要的事情，那就是在预习时要注意扩展自己的知识面，不能把眼光仅仅局限于课本的有限的知识点上。如果他们能把这个习惯改正过来，他们的成绩会有很大的进步的。

在时间、精力等条件许可的情况下，可以针对自己擅长而又有兴趣的学科，以课本为基础，以某种课外参考资料为辅助，对课本知识的内容和要求适当做一些拓宽。多看一些课外书是一件好事情，它能够帮学生加深对课内知识的理解。

拿学习语文而言，有许多孩子，在课堂上也不怎么努力，可是一考试，他们的成绩总能排在前几名，这让许多同学感到很是纳闷。他们成功的秘诀在哪里呢？就在于他们比一般人多读了很多课外书，就是这些不被家长和老师欢迎的课外书成就了他们的文学素养。预习时遇到相关问题弄不明白，例如，不知道《红楼梦》里的林黛玉为什么会有那么多愁善感的心灵，不知道《三国演义》中周瑜为什么那么小度量……这时候，拿出原著来读读，把人物的来龙去脉搞清楚，这些问题就变得很简单了。

课外阅读作为语文教学的组成部分，对开阔学生视野、丰富语言积累、发展思维、净化心灵、发展健康个性等方面都具有极其重要的作用。前苏联著名教育家苏霍姆林斯基曾经说过："凡是那些除了教科书以外什么也不阅读的学生，他们在课堂上掌握的知识就十分肤浅，并且把全部精力转移到家庭作业上去，由于家庭作业负担过重，他们就没有时间阅读课外书报，这样就形成一种恶性循环。"我们都不想自己进入那个恶性循环之中，那么，只有一个办法，就是要拓宽我们自己的知识面。

在预习的时候，不仅多看书是重要的事情，把课文的知识挖深、吃透也是一件很重要的事情。

很多同学虽然非常重视课堂的质量，向课堂45分钟要成绩，却忽略了课前的深入预习是课堂教学的"前奏曲"。如果"奏"不响，必将影响课堂教学效率。"学起于思，思源于疑"，预习时，要动眼、动脑、动口、动手，这样就经历了一个自动获取知识、解决疑难的过程。经过自己的深入思考，带着疑问去上课，就会主动探求问题的答案，再加上教师的正确引导，更能变被动接受为主动探索。

学习一篇文质兼美的文章，预习时可有意识地锻炼自己再现课文内容的能力。如果能用手或大脑把景物描画出来，我们对课文也就理解了。比如预习《春》时，可以描画出"春草图"、"春花图"、"春风图"、

“春雨图”、“迎春图”；预习《济南的冬天》时，描画出“小山雪景”；预习《海滨仲夏夜》时，描画出“夏夜图”等。另外，很多首古诗是可以配画的，画和诗可互相补充，学生对诗句的理解，都可以通过预习把它们形象化。对寓言故事类、托物言志类的文章，预习时可以注意思考其主旨，把握其中心。从教材的实际情况出发，根据不同课文，确定不同的预习重点，这是非常关键的预习方法。

由于在预习中逐步养成了深入思考的良好读书习惯，将会发现很多疑问，这些疑问，通过孩子的努力有的可能解决了，有的可能没有解决或没有彻底解决。对于没有解决的问题，很自然会产生解决掉它们的迫切愿望，这时候家长或教师因势利导，适当加以启发与指点，孩子的理解和收获就很大了。

对家长提出以下几点建议：

1. 充分认识到课外书的作用

不要以为孩子看课外书是不务正业的行为，课外书对孩子的有利作用已经渐渐被实践证明了，一个被困在课本里难以脱身的孩子，不仅不能把课本知识学好，反而会使他变得非常呆板，与学习的要求、社会的需要都脱了节。

2. 和孩子一起深入理解课文

孩子对于课文的理解可能不容易深入，到了一定的程度就停止了，家长可以引导他，给他提供一些向深处挖掘的角度，不让他的思考在半途停下来。

3. 帮助孩子结合课文观点搜集材料

如在预习维护消费者合法权益和依法治国时，让孩子搜集身边的案例；在预习语文时，让它们搜集与每课内容有关的古诗词、成语、谚语、典故和身边的实例等。一方面可扩大孩子的视野，另一方面可培养孩子理论联系实际的能力和习惯。

4. 课前预习，不需要很多的时间

预习时，有的问题可以自己解决，实在不行的话，做上记号，留待课堂上请老师帮助解决。课前预习，要抓住重点，时间不宜太长。

第六章

确立目标，主动出击

——善于用脑才有优异的成绩

坏习惯72. 孩子学习缺乏主动性的坏习惯

在“满堂灌”、“填鸭式”的教学方式下，是培养不出中国未来的栋梁之才的。

“天生我才必有用”。然而现在却有不少孩子整天愁眉苦脸、唉声叹气，他们对周围的一切都不感兴趣，对进取缺乏信心。总之一句话，就是对自己的学习、生活缺乏一种主动精神。

世界音乐大师贝多芬，11岁丧母，49岁失去听力，但他却不消沉、不气馁，始终顽强地生活和创作。他在给朋友的信中写道：“我要扼住命运的咽喉，它妄想使我屈服，这绝对办不到！”居里夫人为了寻找镭元素，四年之中，付出了超出常人的艰辛劳动，但她却认为这几年正是她“生活中最快乐的几年”。

现在不少学生，学习目的性不明确，即使是高中学生，也是这样。当被问及“为什么学习”时，不少学生的回答是“父母要我来读”，也有学生回答“为了将来找份好工作”，甚至有的学生说“我来读高中是因为我不想那么早就去工作”，真是众说纷纭，莫衷一是。这样的学生，他们在学习上必然缺乏内在的驱动力，而处于被动、消极状态。另有一部分学生不能说他们没有明确的学习目的，没有追求的理想，但他们的学习目的是为了取得一个好分数，以求将来进一所好学校，谋得一份好职业。学生学习目的不明确，缺乏崇高的人生理想，是不能主动学习的内在的最主要原因。

小强是一个很听话的孩子，刚上小学的时候，学习成绩很好，一直都是父母的骄傲，可是自从上了初中，学习成绩却急转直下，他的父母非常着急，但是自己的孩子又绝对不是那种调皮捣蛋、不爱学习的学生。问题到底出在哪里呢？其实，个中原因也不难发现。小学的时候，孩子大多跟着老师和家长的指挥棒走，只要听老师和家长的话，一定会是一个好学生。但是初中和小学不同，初中要求学生在学习中不但要学会知识，更要学会学习知识的方法。“鱼”和“渔”的矛盾，使得一向缺乏学习主动性的小强吃了应试教育的大亏。

在应试教育的压力下，学校的心理健康教育不是很系统，学生缺乏良好的心理健康知识的指导，心理上不成熟，存在不少弱点，也必然影响他们的主动学习。如当问及学生为什么不能在课堂上主动提问或发表自己的意见时，往往有这样的回答：“怕羞”，“答错了丢人”，“书上说的（或是老师讲的）不会错”，“会被人家说好表现自己”等等，这种胆怯和对权威的盲从心理造成学生在学习上不敢质疑，不能寻根究底，更不会对权威的观点提出疑问和发表自己的见解。

正是由于上述主客观的原因，学生缺乏积极、自觉的态度，不能主动学习，其结果只能是效率较低，成效不高。于是补课、家教、题海战术之风盛行，成了提高成绩的法宝，屡禁不止。也有家长、教师对学生施加高压以图有所成效，但结果往往适得其反，有的造成学生出走甚至自杀等悲剧。

随着科学技术的飞速发展，知识呈“爆炸”型增加，科学文化知识的更新速度相当快。研究表明：科技资料的“老化半衰期”物理为4～6年，化学为2～3年，电脑硬件的更新期为1～2年，软件为半年到1年。由此可知，人的知识老化是相当快的，每个人在一生中，必须不断地进行学习，进行知识的更新和补充，以适应职业上和工作上的需要。随着科学技术的发展，人类社会也在迅速发展，国际化趋势越来越大，政治、经济、文化等领域在不断地变革，竞争日趋激烈，谁都无法在自己的青年时代就形成足够其一生享用的知识宝库。这就是人们常说的终身学习。在青少年阶段，学生养成主动学习的习惯、态度和人格特点，不但有利于这一时期的学习，也学会了如何学习，以适应不断变化发展的社会的挑战，搏击世界潮流，体现积极进取的人格特征，为终身学习、毕生发展奠定良好的人格培养基础。

对家长提出以下几点建议：

1. 营造促进孩子主动学习的氛围

氛围能对孩子产生潜移默化的作用。为使学生能主动学习，应该创造一个良好的学习氛围。

2. 对孩子主动学习的积极性予以鼓励

孩子如果能够积极主动地学习，应该鼓励他们把这个好习惯坚持下去。

3. 激发学生主动学习的内在动力

学生学习需要有动力，它既可来自外部的压力，也可来自内部的驱动力。因此，要使学生主动学习，必须采取有效的方法，使学生把学习作为自己的一种内在需要，从而产生持久的、强大的学习动力。

坏习惯73. 孩子学习拖拉的坏习惯

世界上什么东西最宝贵？“一寸光阴一寸金，寸金难买寸光阴。”时间就是效益，时间就是生命，时间就是一切。然而，时间似流水，一去不返回。时钟滴答，分分秒秒从我们的指缝间逝去，谁能抓紧时间，做时间的主人，谁就能成为强者。

晋代名将祖逖闻鸡起舞的故事妇孺皆知。说的是祖逖青年时代，与热血青年刘琨相互勉励，争分夺秒，苦练本领，决心拯救危难祖国的事。一个寒冷的夜晚，北风刺骨，雪花飘然。突然“喔喔”的鸡鸣划破寂静的夜空。祖逖推醒与自己同榻的刘琨，说道：“鸡都叫了，咱们快抓紧时间舞剑去吧！”时值半夜，古时“半夜鸡叫”有不吉之说，可祖逖一边整装，一边对同伴说：“半夜鸡叫有啥不好，它是在提醒我们别睡过了头，耽误了宝贵的时间！”他俩拿起宝剑来到室外，奋力舞动，只听宝剑嗖嗖、喘声吁吁；脚下雪融化，身上汗淋淋。从此，不论严寒酷暑、风霜雪雨，二人一听鸡鸣，立即翻身下床，勤奋练剑。后来，他们都驰骋疆场，为祖国建立了赫赫战功。如今的学生，很少有人具有祖逖这种惜时如金的精神，爱磨蹭、爱拖拉的孩子常常可以见到。

伟大的思想家、文学家鲁迅，幼年在“三味书屋”求学时，就在课桌上写下“早”字，以警示、鞭策自己珍惜时间，发奋读书。后来他写文章，常常一写就到天亮，有时实在困了，就泡一杯茶、抽一支烟，又继续工作。直到他临死前三天还替人家写“序言”，临死前一天，还记日记，实践了他“节省时间，等于延长了一个人的生命”的思想。

大凡有成就者都是惜时的楷模。“不叫一日闲过”、“不轻一寸光阴”，将来才能不因虚度年华而悔恨，不因碌碌无为而叹息。但在学习中，很多学生有爱拖拉磨蹭的坏习惯，既耽误了自己的时间，有时候又影响别人。

我们不妨算笔时间账。人生短暂，转眼就是百年。然而能活到上百岁的人又有多少呢？即使上百年，按三分之一的睡眠时间算，那么你最少要睡上三十几年，必要的饮食消遣也得花去十几年时间，况且还有老弱幼稚阶段。这样细算下来，真正能用到学习、工作上的时间就少得可怜，这极有限的时间如果我们再抓不住，那就会一事无成。难怪古人云：“少壮不努力，老大徒伤悲。”

历史上因为等一天而耽误事情，甚至酿成大祸的事例还少吗？1814年6月17日，拿破仑在击败普鲁士军队以后，错误地让军队休息一天，6月18日才开始进攻固守在滑铁卢的英军，结果给了英军构筑工事的时间，从而导致18日滑铁卢一战的惨败。试想，拿破仑若抓住战机，马不停蹄地进攻英军，那么欧洲的历史将会重写，拿破仑统治的法国将更加强大。

“明日复明日，明日何其多；我生待明日，万事成蹉跎。”短短的几句话，是先辈千折百挠、历经磨难的生活体验的结晶！古人有感于此，于是才有了“头悬梁，锥刺骨”的勤学佳话。现在我们条件优越，不是更应抓紧今天的分分秒秒吗？

昨天带着回忆默默地去了，今天携着希望悄悄地来了，而明天，又闪烁着光辉等待着人们。有一些人仍然沉浸在回忆中，他们依恋昨天；有些人只迷醉在梦幻中，他们憧憬明天；而他们都忘记了今天。今天是一条纽带，连着过去和未来，只有把握今天，才能巩固昨日的辉煌；只有把握今天，才能实现明天的梦想。因此最应当珍视的是宝贵的今天！

对家长提出以下几点建议：

1．帮助孩子制订计划

提前和孩子沟通，让孩子参与计划，并规定完成计划的最后时间。

2．及时了解原因

如果发现孩子对所规定的任务未做，或者磨磨蹭蹭，家长应与孩子沟通，问他们是不愿意做还是有困难，并及时解决。

3．孩子没有完成任务时，给予适当的惩罚

父母可给予适当提醒，但不要去包办，如果孩子完不成任务，可以让孩子品尝一下磨蹭的后果。

4．坚决拒绝“过一会儿”的请求

当孩子第一次对你说“过一会儿”时，你要坚决表明自己的态度：“那不行，现在就做，做完后才可以看电视。”

坏习惯74. 孩子两耳不闻窗外事的坏习惯

“两耳不闻窗外事，一心只读圣贤书”的时代已经逝去，今天，素质教育个性化的呼声日益高涨。学生们再也不能做只会打洞的鼹鼠，应该钻出地面，呼吸新鲜自然的空气，接触沸腾真实的生活，欣赏绚丽多彩的大千世界。

三年级语文课，老师宣布开讲《小萝卜头》。首先是背景介绍——国民党的白色恐怖。老师为了活跃气氛，提了一个非常简单的问题：“你们对‘白色恐怖’了解多少？请大家畅所欲言。”教室里鸦雀无声，老师纳闷了：“今天学生怎么那么不积极？难道……”一分钟后，终于有个学生举起了手。老师舒了一口气，鼓励说：“请你大声告诉大家！”学生答道：“老师，白色恐怖是因为当时中国的气候是雾较多，所以叫白色恐怖吧。”听完回答，老师怔住了。

学生对社会的了解是何等的贫乏！古人说“两耳不闻窗外事，一心只读圣贤书”，这有它积极的一面，学习必须要专心，一心不能二用。但是如果走向极端，学生就会成为书呆子，根本不关心社会的发展和变化，与社会“绝缘”。这样做的结果是，学生在课堂上接受的知识与社会生活完全脱节，成为抽象的虚体，圣贤书成了僵死之书，无用之书。陶行知先生说过，生活即教育，社会即学校，学校教育不能脱离社会。学生应该参与社会生活，了解社会实际，只有如此，它才能将学校小课堂与社会这个大课堂结合起来，深化理解所学知识，才能自觉地将自己培养成社会需要的人才。

1998年的高考作文题目之一是：战胜脆弱。相当比例的考生写到父母双亡，自己忍受着丧亲之痛努力学习，奋勇拼搏。父母双亡的确是生命中的一大挫折，战胜其中的痛苦的确是战胜脆弱。但是生活中真的有那么多悲惨的家庭吗？中国真的有那么多命途多舛的孤儿吗？稍微动一下脑筋，我们就会发现其中的虚假性。为什么考生们都冒着编造父母双亡的风险做作文呢？很多考生无可奈何地说，“我们的生活一帆风顺，何来挫折？又何来战胜脆弱呢？”今天人们的生活和平安定，很少经历大风大浪、大沟大坎，这是事实。但是我们就真的没有脆弱的时候了吗？例如战胜自己因贫穷而自卑的心理，和下岗的妈妈共渡难关等，都是生活的真实写照，也很有挖掘的深度。我们忽略了这些生活，就是因为我们缺乏一双关注生活的眼睛。

我们要学会慧眼看世界，辨别美和丑。所谓“看”，就是让自己置身于社会生活中，不仅用自己的眼睛，更用自己的心灵去感受和领略社会的生活状况、人文状况。使学生通过自己的观察，积累丰富的生活素材，作为课堂学习的底蕴。

耳朵是我们与外界接触的一个重要工具，要多用耳朵去倾听，而许多学生往往忽略这一点。

所谓的“听”，不是学生听老师讲课，它具有更深广的内涵。我们可以多听些英雄事迹报告会、劳模事迹报告会，深刻感受一下那个战火纷飞的岁月的人民生活及奋斗情形。另外，我们平时可以多听听新闻广播，了解一下世界政治风云的变幻。咀嚼干瘪的名词，抱着课本打滚，把自己封闭起来，就会被世界淘汰。只有把自己放于当前的大环境、大背景之下，才能使自己充满生机和活力，才能培养自己的眼光、胸怀和见识，从而渐渐与世界接轨。

我们常常听到这样的抱怨：我可是两耳多闻窗外事，菜篮子、米袋子，阿拉法特、萨达姆，我无一不知，无一不晓，为什么我还是感觉站在世界的边缘呢？眼睛、耳朵只能让我们认识世界，要真正融入世界，必须用自己的双手改造世界，使世界留下我们的烙印。

“种子的萌发需要空气”。应该积极参加社会实践活动，加强家庭、学校、社会的联谊，开展更丰富的创造活动，开拓更广阔的创造空间。“纸上得来终觉浅”，我们在书本上、课堂上所得到的是一些抽象的概念，超越了实践的理论，真正能使自己亲身感悟到的还是我们的实践、我们的生活。

对家长提出以下几点建议：

1. 更新观念

如果两耳不闻窗外事，“精诚所至”就不一定能“金石为开”。人才的需要是多方面的，那些“一心只读圣贤书”的“好学生”在激烈的市场竞争中已经失去了优势。

2. 给孩子充足的时间

陶行知先生曾明确指出“要解放儿童的时间”，使他们从频繁的考试和学校、家庭的双重夹攻中解放出来，自由地去体验人生，学会创造。

3. 给孩子广阔的空间

陶行知先生还提出“要解放小孩子的空间”，使他们自由地向宇宙发问，与世界为友。我们的家长却生怕孩子时间多了，硬把他们的时间占据、榨取，到一点不剩为止才罢休。

4. 培养孩子动手的能力

对孩子的动手行为，家长应该给予鼓励。多看到他们的长处，不要稍有不当就大声呵斥，极尽压制之能事。

坏习惯75. 孩子不善于发散思维的坏习惯

横看成岭侧成峰，远近高低各不同。拿到一个材料，如果从一个角度去思考，往往会妨碍我们对事物的全面理解，但如果从不同的角度去思考，就可以获得丰富、深刻的认识，就可以克服我们思维中的片面性、表面化，把思维推向一个广阔的天地。

有这样一个寓言故事，有只虎皮鹦鹉虽然飞向了广阔的天地，却饿死在果实累累的林子里。如果要以此为题，我们可以确立哪些立意角度呢？你会说：温室里的花朵，不经风吹雨打，是没有生存能力的；填鸭式教育，只能让学生的能力日益下降；生于忧患，死于安乐；自己动手，丰衣足食……无论你是怎么想的，只要立意正确，并且感觉自己有要写的内容，都是可以的。

我们应该发挥自己的主观能动性，激发自己的思维，要让大脑中每一根神经、每一个细胞都活跃起来，在题目允许的广袤思想空间里自由地驰骋，发现一个又一个构思角度，防止千人一面。

发散思维可以激发我们的积极性。比如，学习《小橘灯》时，我们可以向孩子提出这样一些问题："12年过去了，小姑娘的爸爸回来了吗？她妈妈的身体变得怎么样了？小姑娘自己生活得好吗？"要求根据这些参考性问题来拟定题目，写一篇随笔。对于这种续写性的课外随笔，孩子的兴致往往很高，随笔的内容也是五花八门，异彩纷呈，充分展现了他们独特的审美视角，这种收获无疑是很大的。

拥有发散思维，再来看我们的课文，是不是就变得有意思多了，知识都变成趣闻抢着进入我们的大脑。这真是一件十分惬意的事情呀！

高中语文第一册第三单元作文题是《第三只小板凳》。一般我们都是从爱因斯坦的角度去看问题，“自信是成功的基石”、“持之以恒是成功的条件”之类的话题为大家所青睐。如此，也就变得很俗了，很难写出新颖独特的文章来。让我们运用发散思维看一下：老师认为爱因斯坦交的“小板凳”是“世界上最坏的板凳”，这个看法是片面的。原因是老师不知道爱因斯坦交的是第三只，第一只、第二只比第三只更“坏”。老师这种看法是缘于不能全面地看问题，没有调查研究。这样我们就可以推出“要全面地看问题”，“没有调查就没有发言权”等新的立意角度了。有了新的角度，加上充足的论据，一篇优秀的作文就产生了。

发散的角度愈多，我们掌握的知识就越全面，思维就越灵活。对于有新意有深度的看法，我们应该大胆地提出来，和老师同学们一起探讨，从而激发全班学生的发散性思维。当我们的看法出现错误时，也不要觉得不好意思，这只能说明我们的想法还不完善。让我们在一种宽松、活泼、能充分发表自己观点的氛围中，展现个性，展现能力，展现学习成果。

对家长提出以下几点建议：

1．在生活中寻找发散点

大千世界，丰富多彩，孩子们在其中怡情怡性，充满浓厚的兴趣和好奇心。我们可以根据这一特点，不失时机地给孩子一些锻炼的机会。看到天桥上无人搭理的乞丐，孩子有什么看法呢？是痛斥世人的冷漠无情？还是悲愤乞丐的不思进取？等等。

2．利用课堂知识训练发散思维

不管哪一学科，都可以利用发散思维，不断地扩展我们的思维空间。比如，历史上的秦始皇是一代暴君，他使用各种酷刑，还焚书坑儒。可孩子们对于他还有其他什么看法吗？他还是统一中国的第一人，是封建社会的第一个皇帝，他有胆有识，可以启发孩子从这些角度去考虑。

3．写发散性作文

孩子们经常抱怨自己的作文没有新意，关键就在于他们没有运用发散性思维，没有找到一个新颖的叙述角度。家长可在这方面对孩子加以引导。

4．不要轻易说“不对”

孩子们进行发散性思维，想到的东西有时会千奇百怪，甚至不可思议，有些过头，家长不要一棒子打死，其中一定有合理的成分，这就是值得鼓励的地方。然后，家长可以婉言指出他们的错误，孩子们会在以后渐渐改正的。

坏习惯76. 孩子不善于联想的坏习惯

在我们的世界里，联想思维无处不在，学习、生活、工作……一切都离不开联想。没有联想，就没有“忽如一夜春风来，千树万树梨花开”；没有联想，就没有“日出江花红胜火，春来江水绿如蓝”；可以说，假如缺乏了联想，我们的世界将失去活力，变得昏暗无彩。

在一次万人注目的广告词大赛中，该年度最佳的广告词诞生了，那就是联想集团的一句广告：“假如失去联想，人类将会怎样？”为什么这个词句简短的广告能获此殊荣呢？它靠的不是里面有什么大腕明星，不是精彩的画面，也不是优美动听的音乐背景，它的成功仅仅在于这句话本身。这个广告词聪明地运用了双关手法，一方面宣传了自己的品牌，一方面叙述了一个颠簸不破的真理，这也是它成功的奥秘。

是啊，没有了联想，世界将变成什么样子呢？不堪设想！

潜艇是现代海军的重要武器，但是，你知道吗？它曾经是个十分笨重的家伙。1893年，美国人莱克发明并研制出了最初的潜艇，那是一个大铁柜子，靠压载重物来使它沉入海底，底部装有庞大的轮子。由于海底不像陆地那样平坦，这个笨重的家伙经常来个底朝天。为了改进它的灵活性和稳定性，莱克可谓是费尽了心思，但仍无进展。一天，当朋友们一起喝酒时，莱克又一个人闷闷地在思考问题。突然，他看见一个酒瓶漂在水面上，很是平稳自在地游荡。原来是一个朋友喝完酒之后，开了个玩笑，把空酒瓶扔到了水中。这时，莱克突然有种如梦初醒的感觉，酒瓶能在水中自由漂浮，潜艇也可以！于是，莱克仿照其中的原理，开始对潜艇进行新的改造。他用水代替压载重物，用螺旋桨代替轮子，现代潜艇就这样诞生了。

莱克的成功就是联想的结果，他从酒瓶的漂浮原理联想到潜艇，使潜艇的发展向前迈了一大步。

联想是根据事物间某些方面的相似性，推测出在其他方面的相似性；或者根据已知的事物，推测出未知的事物，使我们能够更全面深刻地理解我们学习的内容。联想思维把很多看起来似乎风马牛不相及的事物，通过各种丰富的联想联系起来，为我们提供了无限广阔的思考天地，把自己的视野放得更开、更远。

例如，我们拿起一块砖，然后展开丰富的联想，把自己想到地说出来。有人会说，砖块的前身是泥巴，经过烈火煅烧，变得十分坚硬，这可以联想到当今的青年要想成才，必须经过磨炼。有人会说，砖块方方正正，有棱有角，可以联想到社会上那些有原则、不假公济私的执法人员。还有人说，砖可以奠基、铺路、砌墙，任人把它放在什么地方，都心甘情愿、毫无怨言，这可以联想到社会上那些默默奉献的无名英雄们。

经过这样一番联想，学习不再是枯燥无味的，而是变得津津有味，甚至耐人寻味了。

我们来看一下最近几年高考中对联想的考察：1990年高考的小作文要求分别描写两个小姑娘跑来对母亲说话时的表情和动作；1991年高考的小作文要求仿照例文作“圆”的联想；1992年高考小作文要求根据提供的材料联想“谁来清理这个地方”的情景；等等。所以我们不得不开始注意联想了。

例如，我们拿到一个作文题目《妈妈真……》，写作之前，我们可以动脑筋想想如何补充，可以把正反面的形容人性格的词都列举出来，如唠叨、勤劳、善良、“傻”……通过联想找出描写妈妈的最好角度，然后再选取生活中的事例加以组织，这样写出来的作文就很新颖，富有生活气息，不再索然无味。

联想是生活的感觉所唤起的由此及彼或由彼及此的思想飞跃，它能帮助我们打开记忆的仓库，突破题材等问题的局限，向横向扩展，往纵处延伸，使狭小单薄变得丰满充盈，使没有关联变为紧凑黏合，从而使文章有血有肉，主题深刻，达到出奇制胜、感人至深的艺术效果。

对家长提出以下几点建议：

1．借助实物，训练想象能力

例如看到一颗钉子，可以想到“钉子”坚毅有钻劲；可以想到“钉子”出身平凡，但一经烈火的炼造，就能成材；可以想到“钉子”服从安排，坚守岗位……当然，也可以从反面去联想。

2．掌握一定的联想技巧

比如让孩子进行“急骤联想”的训练，具体方法很多，如进行“四环三键”联想：让孩子看到一个词（如“圆”），要求他毫不迟疑地想出三个词（如瓜、脑袋、地球仪），并说出联想的类别，以此来训练孩子思维的流畅性、变通性和独特性，培养学生进行联想思维的兴趣和热情。

3．在作文中训练联想思维

作文是训练联想思维的一块宝地。通过给孩子出一些富有联想性的题目，让他们展开联想的翅膀，自由地翱翔。千万不要说孩子的作文怎样不符合应试的要求，那样培养出来的孩子不是社会需要的。

4．多给孩子一些动手的机会

当孩子有机会自己动手干什么事情的时候，他们会放飞自己的联想。例如让孩子办墙报、手抄报等，给学生开辟训练园地，指导他们充分锻炼自己的联想能力。

坏习惯77. 孩子缺乏逆向思维的坏习惯

有位哲人在回忆录中记述了这样一件事：在他还是少年的时候，母亲指着庭院中一棵主干弯曲的小树给他出了道思考题：如何看这棵树才是直的？经过三天三夜的冥思苦想，他恍然大悟：就把它当成直树看！从此他开始培养以逆向思维看世界的习惯，取得了一项项不同凡响的哲学成就。

《韩非子》中记载有这样一个故事：鲁国有一个人，非常擅长纺织麻鞋，他的妻子也是织绸缎的能手，他们准备一起到越国做生意。有人劝告他说："你不要去，不然会失败的。"鲁人问："为什么呢？"那人回答："你善编鞋，而越人习惯于赤足走路；你妻子善织绸缎，那是用来做帽子的，可越人习惯于披头散发，从不戴帽子。你们擅长的技术，到越国却派不上用场，能不失败吗？"结果呢，鲁人并没有改变初衷，三五年后，他不但没有失败，反而成了有名的大富翁。

很多事情的成功，问题的解决，常常得益于逆向思维，这个鲁国人的成功，也是这样。

鲁人做鞋帽生意，当然是应该去需求鞋帽的地方，而不该去不习惯穿鞋戴帽的越国；但鲁人则打破了这种习惯性的思维方式，认为正因为越人不穿鞋不戴帽，那里才有着广阔的市场前景和巨大的销售潜力，只要改变了越人的粗陋习惯，越国就会变成一个最大的鞋帽市场。鲁国人成功的秘密就在这里，逆向思维帮了他的大忙。

南辕北辙是一则令人发笑的寓言，想往北去但却向南策马，这哪能到达目的地呢？然而在现实中，这类从相反方向上来达到自己目的的事例却不少，这便是逆向思维。

沈阳的一条街道上，同时住着3家裁缝，手艺都不错。可是，因为住得太近了，生意上的竞争十分激烈。为了抢生意，他们都想挂出一块有吸引力的招牌来招揽顾客。一天，一个裁缝在他的门前挂出一块招牌，上面写着这样一句话："沈阳城里最好的裁缝！"另一个裁缝看到了这块招牌，连忙也写了一块招牌，第二天也挂了出来，招牌上写的是："全中国最好的裁缝！"

第三个裁缝眼看着两位同行相继挂出了这么大气的广告招牌，抢走了大部分的生意，心里很是着急。这位裁缝为了招牌的事开始茶饭不思，一个说"沈阳城最好的裁缝"，另一个说"全国最好的裁缝"，他们都大到这份上了，难道我能说"世界最好的裁缝"？这是不是有点儿太虚假了？这时他儿子放学回来了，问明父亲发愁的原因后，告诉父亲不妨写上这样几个字。第三天，第三个裁缝挂出了他的招牌，果然，这个裁缝从此生意兴隆。

招牌上写的是什么呢？原来第三块招牌上写的口气与前两者相比很小很小："本街最好的裁缝！"

"本街"最好，那就是这三家中最好的。你看，聪明的第三家裁缝没有再向大处夸自己的小店，而是运用了逆向思维，在编排广告词时选了在地域上比"全国"、"沈阳"要小得多的"本街"一词。

社会生活中，善于运用逆向思维研究各种事物，尤其是当运用习惯的思维方式、传统的工作方法难以奏效时，反过来想一想、试一试，常常会得到意想不到的良好效果。

英国著名作家毛姆的小说销售不畅时，他本人设计了一个反常公关手段，不是按惯例宣传小说内容如何精彩，而是在报纸上刊登了一则征婚启事，称："本人年轻英俊，家有百万资产，希望获得和毛姆小说中的女主人公一样的女性的爱情。”结果，这部小说在短时间内被抢购一空。

随着社会的不断进步，我们不管从事什么职业，都不能将目光落在固定不变的视点上，要善于利用逆向思维来发现事物的新规律、新特点。从大潮流中发现能引导我们走向成功的小浪花，从不利处境中发现有利的机遇，作出不落俗套的判断和决策，以立于不败之地。

1．从相反的方向考虑问题

这是从已知事物的相反方向进行思考，产生发明构思的途径。例如，市场上出售的无烟煎鱼锅就是从功能、结构、因果关系三方反向考虑而把原有煎鱼锅的热源由锅的下面安装到锅的上面。这是利用逆向思维，对结构进行反转型思考的产物。

2．换一个角度寻找办法

历史上被传为佳话的司马光砸缸救落水儿童的故事，实质上就是这种方法的例子。由于司马光不能通过爬进缸中救人，因而他就转换为另一手段——破缸救人，进而顺利地解决了问题。

3．变缺点为优点

这是一种利用事物的两面性，将缺点变为可利用的东西，化被动为主动，化不利为有利的思维方法。比如金属易腐蚀是一件坏事，但人们利用这一原理进行金属粉末的生产，或进行电镀等其他工艺，无疑是逆向思维法的一种应用。

坏习惯78. 孩子爱钻牛角尖的坏习惯

每件事情都有很多层面，我们可以从各种不同角度对它进行观察。一件起初认为不好的事如果从另一个角度观察，也许能看到它好的一面。有人说下雨不好，因为雨水会打湿衣服；但从另一个角度看，雨水能滋润农作物，能给农民带来好收成，又怎么能说下雨不好呢？

有一位老太太整日愁眉苦脸，逢人便抱怨自己命苦。一天她遇见一位智者，智者关切地问道："老人家，您有什么事情呀？能不能对我说一说？或许我能帮你解决问题的。"老太太就把自己的郁闷讲了出来。她有两个女儿，大女儿是卖伞的，二女儿是卖布的。晴天的时候，伞是无人问津的，她替大女儿发愁；阴天的时候，布又没有人来买了，她又替二女儿担忧。因此她是晴天愁，阴天闷，没有一天能高兴的。智者听后，沉默了一会，说："老人家，其实您每天都高兴才是。晴天的时候，二女儿的布是畅销的，阴天的时候，大女儿的伞是抢手的。您说，这是不是两件很令人高兴的事情呀！"老太太一听，恍然大悟。从此她每天生活得很愉快，享受着每一个晴天和阴天。

生活中有很多不如意的时候，如果一味地沉浸其中，不但不能解决任何问题，反而有可能使以后的事情也变得很糟。这时候我们需要换个角度去考虑问题，"转念一想"就是一剂良药，它的效果非常神奇。它让所有聪明的人去换种方式看待生活，不钻牛角尖，豁达宽容，这样自然也就心明眼亮了。

有这样一位父亲，是位“反常规”高手，什么问题在他的脑子里一过滤都翻了个个，他很以此而自豪。但最近他的烦恼却来了，并且是个天大的烦恼，他的儿子完全继承了这位父亲的衣钵，而且在学习上将这个传统发扬光大了。对“1+1=？”这样的问题，儿子也有不寻常的答案。当然，对这个问题确实有不同的答案，但那都是特定条件下的答案，不能与常规答案混为一谈。对这样的问题钻牛角尖是没有任何意义的。如果小孩从小就缺乏正常的思维，老是在那里钻牛角尖，就如同在一张白纸上写满乱七八糟的东西，而需要的东西却找不到合适的位置写。这不是教孩子创新，是把孩子领到了一条死胡同里，是害了孩子。

往深处思考问题是好事，正是有很多人一直这样做事，才使我们的生活水平发展到了今天。如果牛顿不去思考“苹果熟了为什么会落到地上”这一问题，他就不会发现万有引力定律；如果爱因斯坦不喜欢深入思考，他也不会发现相对论。如果没有一代代伟人的不屈不挠地求索，恐怕人类现在还以为地球是方的，太阳绕着大地转呢。但是他们不是钻牛角尖，这两者有着本质的区别。他们的思考是遵循逻辑的，是在既定事实的基础上的深究；钻牛角尖则违反了逻辑。

素质教育要求的是有创新能力的人才，不是钻牛角尖的怪才。这一点是必须明确的。

钻牛角尖容易使人心胸狭隘，在现实中有许多的案例可以证明这一说法。某某因为高考失利离家出走了，某某因为受老师批评自杀了，年轻的生命就这样走到了尽头，实在可惜。为什么会出现这种情况呢？这些人多是爱钻牛角尖的孩子，一旦遭受精神上的苦闷、折磨或打击时，往往会痛不欲生，就选择出逃或死亡来解脱。

有这样一篇报道：

一位已到婚嫁年龄的女孩子，总是觉得因为自己的鼻梁太低，所以才没有人追求她，因此非常忧虑。有一天，她的朋友开玩笑地对她说：“你的鼻梁这么低，大概一辈子都嫁不出去了，你就做一辈子的老姑娘吧。”女孩子听了这话，平时的焦虑猛然爆发，一发不可收拾，以至自杀身亡了。

这位女孩子之所以会自杀，就是因为她在一条斜路上越走越偏，钻牛角尖使她的心胸日益狭隘，终于选择了不归路。我们要做健康阳光的一代人，就得摈弃这种恶习。

读书同样切忌钻牛角尖。鲁迅先生的读书法中有一个叫“跳读法”。他认为，读书遇到难点，应该经过自己的钻研弄懂它，但遇到暂时无法弄懂的问题，就要“跳过去，再向前进”。这样，到后来“连以前的地方都明白了”。读书要“先易后难”，不钻牛角尖，书读多了，理解力就提高了，知识面就扩大了，先前不懂的疑问自然就会迎刃而解。如果遇到难点，就在原地死抠，不仅老问题解决不了，新知识也会与我们擦肩而过了。

一个人能否深刻理解作品，主要取决于读书人的人生阅历和知识面，就青少年儿童来说，所缺乏的莫过于此。然而，这一时期却是人生中感性认识和机械记忆力、模仿力最为发达的时期，就一般普通人而言，他积累的诗词歌赋、经典名章，大多就来自这一时期。如果我们对一切知识都钻牛角尖——为什么这个字这样写，而不那样写呢？为什么这个词的意思是A，而不是B呢？我们把时间都花费在思考类似的问题上，就不可能有机会接触大量的优秀文化作品。

这种“反刍式”的学习方法，让我们荒废了最佳的积累知识的时期。学习的高明之处便在于，先在人生记忆、模仿的黄金时段，尽量记忆、模仿，待到日后再去慢慢地领悟，分批消化，从而享用一生。

对家长的几点建议：

1. 不能让上进心变质

有的时候，孩子会产生这样的想法：“我就不信我今晚做不出这道题”，“我就不信我考试老是超不过他”，“我一定能考班级第一的，我不允许自己第二”……这是孩子对自己的一种期望，本不是什么坏事，但过了头就属于钻牛角尖了，容易让他们陷入失败的境地。

2. 引导孩子多角度思考问题

告诉孩子，遇到学习上、生活上的难题时，可以换个角度来思考、解决。条条大路通罗马。这种方法不能解决的问题，换另一种方法说不定是件很容易的事，先不要自寻烦恼，天无绝人之路，方法一定能找到的。

3. 正视孩子的“创新”

现在的家长经常有意识地培养孩子的创新意识，这是社会的进步。但是千万别把一切逆反的思维都当成是“宝贝”，一旦孩子形成反常的思维方式是很难纠正的。

4. 开阔孩子的心胸

孩子种种的钻牛角尖现象，其根源在于他们的心胸不够开阔。拥有开阔的胸襟不但对学习是件好事，对于为人处世更是可贵的品质。

坏习惯79. 孩子想象力缺乏的坏习惯

“身无彩凤双飞翼，心有灵犀一点通”，只要我们敢于想象、善于想象，生活就会变得丰富多彩，知识也会融会贯通。让我们展开想象的翅膀，在学海中自由地翱翔……

妈妈正在做包子，5岁的小女儿坐在小凳子上看着。女儿忽然提了一个问题：“星星是从哪儿来的？”妈妈没有急于回答她，而是说：“你想想看。”女儿出神地注视着母亲揉面的动作。母亲揉面，揪面团，擀面饼，包包子……看了好一阵子，女儿突然说：“我知道星星是怎么做出来的了，是用做月亮剩下的东西做的。”妈妈听了先是愣了一下，然后特别激动地亲吻了自己的女儿：“宝贝，你的想象真奇特。”爸爸听了这件事以后也非常高兴，拉过女儿给她讲女娲抟泥造人的传说。后来这位小姑娘成了著名的作家。

孩子的想象力是无处不在的，家长其实不需要做太多的事情，开放自己的思维，放开孩子的手脚，就可以取得事半功倍的效果。从儿童期开始要给孩子一些想象力的教育；到了青年，要让他们去创造实践想象力，即使在想象中碰壁，也无所谓。因为有想象才有创造力，才能成功。

1996年7月5日，《人民日报》发表了一篇分析文章，题为《别让孩子患上集体的“失语症”》。文章中写道：如今的孩子有集体患上“失语症”的危险。而这危险又是在规范化、标准化的学校教育一步步怂恿下渐次加重的，且看事实：某小学一年级的课堂上，黑板上写着一个“云”

字。一个小男孩被老师叫了起来：“这是什么字？”小男孩清脆地答道：“是‘云’字。”老师的脸沉了下来：“他说错了，谁来纠正？”一个小女孩站了起来，背书般地大声说：“云云云，这个字我认识，横、横、撇、折、点，这个字念‘云’。”老师笑了：“对了，老师不是教过吗？每个小朋友都要这样说，才算对。”

在一次小学语文考试试卷上有这样一道题：“进”的反义词是什么？至少有一半的人写出的答案会被判为错的。因为标准答案是“退”，答“出”的只能算错。

这些做法已经是流传极广的教学方式和考试方式。孩子们正处在接受能力最强、学习语言最快的年龄，却长年累月地被这样机械地“栽培”着，后果只能是磨蚀他们的创造力，患上集体“失语症”。我们必须懂得，孩子们的答案之所以那么丰富多彩，就是因为他们的想象力在天马行空似地展翅高飞。如果我们硬将这双翅膀折断，孩子的命运就可想而知了。

想象力往往来自于现实事物的启发，例如莱特兄弟看到飞鸟，因此创造发明了飞机，这就是想象力。牛顿看到苹果掉落到地上而发现万有引力，如果没有想象力，即使整树的苹果掉光，他也无从发现。因此，创造就要靠想象力。

然而，在现实生活中，孩子的想象力却被严重制约。最受儿童喜爱的科幻读物，在20世纪80年代曾被当做有害儿童身心健康的毒草，直到1999年高考作文题中出现科幻式命题以前，仍有大批老师和家长不准孩子读科幻小说。一位未敢署名的高中学生曾给《科幻世界》月刊编辑部写信，诉说苦闷和委屈：

“我们很幸福，也很痛苦。我们是学生，我的这封信代表我校168名科幻迷的心声。当我拿着第一篇科幻稿件请我心目中一位较‘和善达理’的语文老师修改时，他连看都没看就扔过来一句话：‘当心幻倒在地！’这句话对我打击极大，每次想起它我都很伤心。”

《科幻世界》的编辑读了这封信后，发表公开信呼吁老师和家长们多一份宽容："也许，你现在一巴掌打掉的、一句话毁掉的，很可能就是明天的又一个爱迪生、凡尔纳、爱因斯坦……"

对于想象力的发展来说，"自由"是最重要的因素。这种自由包括时间上、空间上、行为上、思想上等多方面的自由。如果成人总是告诉孩子，天是圆的地是方的，海水一定是蓝的不是红的，那么儿童就没有想象；你不告诉他，他反而有想象的空间，自由越多，想象力的生存和发展越有可能。

对家长提出以下几点建议：

1. 在游戏中训练想象力

父母积极参与孩子的想象游戏，同时让孩子主持游戏，父母不要"反客为主"，给孩子发挥自己的想象力留下足够的空间。也可以考虑为孩子提供独自游戏的机会，让孩子在游戏或其他创造性的活动中发挥无拘无束的想象力。

2. 常常给孩子提一些"开放式"的问题

让孩子用多种答案来回答问题，也可以启发孩子的想象力。例如孩子说要在地铁站中建游泳池，家长可以问他："为什么呢？"孩子可能会说："许多小朋友觉得热，如果地铁里有个游泳池，我们就不用到很远的地方去游泳了！"家长可以一步一步地启发孩子，如果要在地铁里建游泳池，要花费什么东西，会带来什么不方便，最后再决定建不建。如果家长一上来就说："真是异想天开，地铁里怎么会有游泳池呢？"孩子的兴趣一下子就无影无踪了，更不用说发挥想象力了。

坏习惯80. 孩子开小差的坏习惯

行走人生道路好比驾驶汽车，孩子就是那个司机。开车可以开小差吗？开车可以打瞌睡吗？开车可以精力不集中吗？回答不言而喻！开小差，注意力不集中的结果是什么？方向盘偏离，如果发现得早，来得及把方向盘一把打回来，情形就改变了。但是如果是来不及了，会有什么样的结果呢？回答也是不言而喻的。

1942年2月8日晚7时，占领了马来西亚的日本军队向新加坡西北部发动进攻。7天之后，英军总司令白思华中将于当天晚上8时半宣布无条件投降，新加坡从此进入了3年零6个月的昭南时代。这就是历史上著名的“新加坡沦陷”。

新加坡沦陷是亚洲现代史上的一个里程碑。在这之前，英国报章把新加坡形容为“坚不可摧的堡垒”。有“东方直布罗陀”之称的新加坡转眼便落入日军手中，对英国的作战努力以至整个大英帝国，不啻是一个沉重的打击。连当时的英国首相丘吉尔也不得不承认，这是“英国历史上最严重的灾难，也是规模最大的投降”。

你知道这次失败的原因是什么吗？是战役期间出现了临阵脱逃的开小差现象，使日军攻占新加坡的时间大为缩短。

多么可怕呀，一个“开小差”毁了一个国家！值得大家深思！

小李是某重点中学高三的学生，近两个月来，她因精神紧张无法集中精力学习，不得不去找医生咨询。“我无法集中精力学习，不停地开小差，一到上课的时候，总想一些没有必要的事，看到身边的同学都聚精会神地听课，我感到十分着急，但越着急则越易开小差，越不能集中注意力听讲。因此我现在考试成绩越来越下降，原来是班里前十名，现在下降到前十五六名，虽然我们学校是重点中学，但这样下去我担心考不上大学。您能帮我集中精力学习吗？”

小李是一个普通工人家庭的孩子，她是独生女，父母宽厚待人、严于律己的生活态度深深影响着她。小李从小就好强懂事，学习上从来不用父母操心，成绩一直名列前茅，中学考上市重点中学，初中时成绩总处在全班四十多人中的前五名，高中时调到重点班，竞争更为激烈，成绩由前十名下降到十五六名。小李学习更加刻苦，每天学到深夜12点多，也从不敢看电视或出去玩。

从以上情况中不难看出，日益增加的学习压力，竞争的不断加剧，使生性好强的小李不断给自己加码，结果是弄得自己神经过分紧张，在课堂上不断地开小差。

正如道家所说的“无为而无所不为”，越想追求某种结果反而达不到，而真正做到“无为”则在无意中什么都得到了。你越想专心精力学习则越易开小差，越想考到前十名，名次越落后，越想不紧张越易紧张。因此，要想把自己的学习成绩提高上去，首先要克服的就是上课时开小差的坏习惯。开小差的时候，你就错过了老师传授的最为宝贵的知识，这是你在课下花几个45分钟也补不过来的。

一位家长带着她已经上初中二年级的女儿，匆匆来到一家心理诊室，非常焦急地向医生讲述了孩子的情况。孩子平时文文静静，上课也遵守课堂纪律，但是，学习成绩一直很差。小学时，勉强可以跟班学习。到了初中，虽然一如既往地抓她的学习，有的功课还请了家教，但是，她仍然多门功课不及格。近一年来，她功课更差，常常多次考试不及格。家长叙述完后，医生仔细询问孩子，她讲：“我也想好好学习，可上课、做作业时，就是思想不能集中，经常开小差……”

又是开小差惹的祸！开小差真的那么可怕吗？有没有什么好办法予以纠正呢？答案是肯定的，下面我们来看一个成功的例子：

某小学的二十余个教学班的学生们引入四个同学合成一个大桌的“学生讨论式”教学的新方式，老师授课过程中学生听得认真，老师教学完毕，同学们讨论得更加热烈、投入，上课开小差的也少了。

看，开小差是可以纠正的，只要同学配合老师的行动，积极投入到大家的讨论中去，就能将那些讨厌的影响学习的念头赶得远远的。改掉这种讨厌的毛病，最关键的就是要积极把自己投身到课堂中去。只要我们的思维跟着老师同学一块走，就不会偏离方向，就能把脱缰的野马及时地拉回。

对家长提出以下几点建议：

1. 让孩子把上课需要的东西都准备好

什么学科需要什么学习用具，上课前都要准备好放在课桌上，课本要翻到本堂课所学的章节，预备铃一响，就要坐到座位上等老师上课。一堂课总共就45分钟，如果等打了铃才进教室，再找课本、学习用具，必定会耽误宝贵的时间。这段时间中，老师讲的内容孩子一定听不进去，就等于比别人少上了几分钟课。

2. 少让孩子带一些好玩的东西进课堂

由于课桌上摆放着这些好玩的东西，为爱做小动作的学生提供了开小差的机会，他们可以边听边不停地玩弄桌子上的东西，影响了学习效率。

3. 在平时培养孩子集中精力的好习惯

习惯的力量是巨大的，人一旦养成一个习惯，就会不自觉地在这个轨道上运行。如果是好习惯，则会终生受益；反之，就会在不知不觉中害人一辈子。孩子集中精力的习惯一旦形成，对他们的一生都是大有好处的。

4. 对孩子的思想开小差要采用心理疗法

由于孩子上课时思想不能集中，听不进功课，经常开小差，所以学习成绩一般比较差。随着年级的升高，功课难度加大，课堂上老师所讲内容根本无法听懂，孩子就会渐渐产生厌学情绪，长期如此，在学习上就会形成恶性循环。再加上孩子的功课不好，有的老师和同学就歧视他们，有的家长甚至对孩子经常打骂，从而给孩子造成了极大的心理障碍，使他们失去了自信心、自尊心和上进心。因此，如果您的孩子有开小差的坏习惯，千万不要对他们进行讽刺挖苦，从心理上指导他们改正才是明智的方法。

坏习惯81. 孩子“孤立式”复习的坏习惯

交流互动与自我提高是相互的。学习的过程就是一个交流的过程，也是一个把知识融会贯通的过程。重视这个过程，才能达到真正的学习目的。

2001年辽宁省的高考状元刘柱曾经是个很一般的学生，考入高中时，他的中考成绩平平，按老师的行话说他属“二类苗”。他的父母都是小学文化水平，自从他上中学以来就再也无法辅导他了。由于家庭条件很一般，他也没有过多地买什么学习资料。但是他是如何成为高考状元的呢？他曾经表示，自己好成绩的背后有绝招！

在刘柱家客厅的沙发上面，贴有两张地图——中国地图和世界地图。每天放学归来，他都要跪在沙发上，看看这两张地图。只见他手指着一座城市，嘴里就开始嘀咕这座城市的经纬度、气候、物产、环境、交通及城市定位等等，然后联系到这座城市的历史沿革、历史人物、历史事件及当今所发生的重大事件。就这样，小小的地图，竟然串起了地理、历史、政治等诸门学科。

除此以外，他还善于用列图表的方式，将数、理、化、生物等联系起来进行学习。正是这种学习方法，使他在高考改革的情况下超常发挥。高考的“大综合”将历史、地理、政治、物理、化学、生物糅合在一起，打破了以往科科独立的特点，而是相互联系，一道题能从这一学科猛然跳到另一学科。这与刘柱平日积累的经验正好相符，所以，大综合的150分，他考了139分。

由此可见，除了具有扎实的基础和良好的心理素质外，高考成功的关键就是还要养成善于用联系而不是孤立的学习习惯。应该尽量拓宽学习视野，学会融会贯通。学习时，不要孤立地看待每一部分的内容，把知识学死，要注意各部分内容之间的内在联系，融会贯通，举一反三。

特别是近些年的综合题，其要求学生拥有一个整体的知识结构。这些综合类的题目经常涉及多个学科的知识，如中央提出的“实施西部大开发战略”，就涉及到政治、历史、地理、生物等学科的知识。这对提高学生的知识面，提高学生的综合分析能力提出了较高要求。

不仅在具体的学习中要求联系，就是在学习环境中，也要求学生们能学会交流、沟通。在社会生活中，一个人不是孤立的，而总是与他人有着密切的联系。人类的认识活动总是在一定的社会环境中完成的，与他人合作能力的高低，决定着获得认识的深浅和高低，因此我们还需要加强与他人的合作学习，以便更加全面、更加深刻地理解知识。古人说过：“天时不如地利，地利不如人和。”这是说不管是想在战争中取胜，或者是想在事业上有所成就，都应该重视“人和”这个重要因素。所谓“人和”就是要有一个良好的人际关系。

一个学生的学习更需要交流与共享。学生不仅要自己学会联系的学习方法，还要与老师和同学相互沟通思想，交流学习经验。

2002年湖南理科第二名的获得者张光磊对此不无感慨，他曾表示，和同学讨论使他获益匪浅。在讨论大家都不是太清楚的问题时，可以带动起一大片的记忆，理清思路，形成知识的网络。同时他认为，尽量不和别人进行比较，而是应当和自己比较，想想如何在保证原有水平的基础上再进一步。在邻近高考的最后那段时间里，和同学的友谊更显得重要。如果只是自己闷在那里苦学，压力会越来越大，而有了朋友之间的交流，可以释放压力。张光磊至今还引以为豪、颇为得意的是临近考试的一天，他和全班同学决定一起在晚自习后去看大海，以调节情绪。在同学们中间他懂得了很多很多道理，不仅让自己的压力得到了缓解，也拥有了人生中很难得的友谊。

在融洽的人际关系中，我们会心情愉快，思维敏捷，学习高效。我们每个人都需要和同学、同事、朋友以及亲人等相伴度过一生。一个哲学家说：“我有一个苹果，你有一个苹果，交换之后，我们还是各拥有一个苹果。但是，我有一种思想，你有一种思想，交换以后，我们就都会拥有两种思想。”

可是，在学习中，有一部分学生不希望别人比自己强，总爱一个人偷偷地学习。在集体中，总有一些这样的人，他们自己不学习，一看见别的同学学习就冷嘲热讽，挖苦打击。其实他们自己偷偷地在家里学习，期待着同学们对他的“聪明”头脑刮目相看；一个人买很多的参考书，但是决不允许别人借阅。这样的同学就把自己孤立了起来，不能与同学们交流思想，沟通心得，永远不能襟怀坦荡地做人，只能给学习和生活带来压力和痛苦。

同时，也应该多多与老师交流。老师讲，学生听，只是一种单向传递，知识的掌握需要双向、多向交流，同学要主动与老师多交流、讨论。学会认真听取别人的意见，互相协作解决问题，其实，这也是善于同别人打交道的一种社交能力。

据有关部门调查，目前我国青少年中约有20%心理发育不全或心理不健康；18%～35%存在学习困难、厌学、恐学、逃学和学习适应不良问题；有心理和行为问题的小学生约为13%，初中生约为15%，高中生约为19%，大学生约为25%；12%的学生患有精神疾患，5.9%的学生患有各种神经官能症和其他心理疾病。

以上令人震惊的事例和统计数字清晰地告诉广大家长，父母与子女应常常沟通思想，了解孩子的心理状况。应给予他们更多的心理安抚，在温馨的家庭中留有一块情感宣泄和情绪释放的净土，使孩子在情感交流的过程中及时得到父母的抚慰与体谅，得到明智的指点和引导，最终达到解除困惑、消除烦恼、健康成长的目的。

对家长提出以下几点建议：

1. 教育孩子学会欣赏别人

教育孩子学会欣赏别人的优点和长处，积极主动向他人的长处学习，这样不仅可以发扬自己的长处和优点，也让自己又多了一种优秀的品质，成为一个心怀宽阔的人，使他的个性日益完善。

2. 培养孩子流畅的表达能力

包括文字表达和口头表达。例如多向老师提问题，向同学总结自己一天的学习心得，或者向家长汇报今天在学校里发生的事情，以便培养创新的个性。

3. 鼓励孩子在课堂上积极发言

鼓励孩子课堂上积极举手发言，有什么不懂的地方课后立即向老师发问、向同学咨询，以便加深对知识的理解和记忆，保证注意力高度集中。

4. 教育孩子拓宽学习视野，学会融会贯通

注意各个不同的学科之间的互通性，如历史和语文、政治的整体性联系，数学与代数的母子性联系等，以便掌握得更加牢固。

5. 引导孩子系统地学习

对所学的东西要一点一滴地串起来，帮助孩子找到规律。例如指导孩子：根据课本的前言以及目录，寻找这本书的系统脉络，将零碎的小知识串成系统的知识。

坏习惯82．孩子生搬硬套别人学习方法的坏习惯

正确对待别人的经验教训，不能盲目效仿、生搬硬套，否则对学习极为不利。

曾经有个关于高考的“黄冈神话”，它有许多稀奇古怪的版本，最典型的要属关于水桶和鞋子的故事。因为黄冈这地方，山多蚊虫也多。据说，学生们每天复习至深夜，为了避免蚊虫叮咬，于是一人一只塑料桶，把腿泡在水桶里。——“黄冈状元”都是这样熬出来的。又据说，黄冈地方经济不很发达，农村学生居多。老师为了激励学生上进，在每间教室里摆两双鞋子：一双皮鞋，一双草鞋。老师说：“你们要努力呀，考上了大学就穿皮鞋，考不上大学就穿草鞋。”——“黄冈状元”都是这样逼出来的。

虽然黄冈中学副校长董德松已经一再重申这是些无稽之谈，但是已经有学校开始一一效仿了，这样的生搬硬套的行为有时并不只是发生在遥远的地方，而是发生在身边。

在我们的学习生活中，有一部分同学总是不爱自己动脑筋。做作业时，遇到拦路虎就大胆地拿起别人的作业本大抄一气，甚至自己解的结果明明不等于那个数，他也要硬写上那个数，他宁愿相信别人，也不愿相信自己。总结学习经验时，也是这样，一味照搬照抄别人的经验教训，结果只能事倍功半。

有这样一个故事：伯乐是历史上著名的相马师。他的年岁大了，一心

想将相马术传给自己的儿子，以免这门学问失传。可惜他的儿子不争气，从来不肯认真学习。伯乐临死前，把儿子叫到了床前，将记录着自己几十年相马经验的笔记交给他，嘱咐他一定要找到一匹千里马。伯乐死后，他的儿子就出门寻找千里马，走着走着，在路边见到了一只癞蛤蟆，他想：笔记里不是说千里马的头骨清瘦、眼睛有神、跳跃有力吗？好极了！我找到千里马了！原来相马这么容易，我比父亲高明多了！这个故事正说明了生搬硬套他人经验的愚蠢之处。

这个故事也告诉我们，别人的经验生搬硬套不得，最后倒霉的还是这些投机取巧、没有好好学习别人经验的人。

有一天，美国的麦克勒饭店总台走来一位客人。他气冲冲地质问总台服务员："一位服务员跟我争吵，我要你决定谁是谁非？你别管吵什么，你只要告诉我谁是谁非！"总台服务员问："不听一听他是怎么说，就要我决定吗？"客人说："他怎么说、我怎么说你都不用管。"总台服务员心想这人一定是酒喝多了。他耸耸肩说："好吧。我对他的了解要比对你的了解多得多，要我说的话，是他对。"客人一听，就掉转头回到了房间，取了行李便退房离开了饭店。

在场的人中有一位叫E.M.斯塔特勒（1863—1928），他13岁进这家饭店当服务员，当时是饭店服务员领班，年纪还不到16岁。在看到这一切之后，他在总是随身携带的一个笔记本上写下了几个字："客人永远是正确的。"后来这句话成了美国服务领域的一个最基本的准则。

而我国饭店学习外国经验时，就是相对的重硬件，轻软件；重建设，轻维修；重日常操作，轻持续培训；在培训中又重服务技巧，轻服务理念。比如"客人永远是正确的"这一理念，若不从入店培训开始灌输，若允许员工找客人身上的"碴"，甚至跟客人"争理"，那么，饭店硬件即使一流，客人还是不会满意，不会有愉快的经历，不会成为回头客。由此可见，我们学习别人的经验时，应该充分注意到其中核心的部分。

从前，一位教书先生曾经给自己的学生讲解短篇小说的五大标准：第一要简洁、明快；第二要有宗教意义和倾向；第三要有男女私情；第四要反映社会的真实面貌；第五要描绘人类的矜持而高贵的操守。

第二天，他的学生果然就写好了一篇，并且严格遵守老师的标准。学生请老师修改时，老师不禁看傻了眼，全文只有20来个字：“我的天！”公爵夫人说道，“别再摸我的大腿了好不好！”

这虽然只是一个笑话，但是却给了我们很大的启示：如果我们没有理解别人的经验教训，而只是盲目地照搬照抄的话，只会落得一个闹笑话的结果。我们在学习中，有时也会出现如此的情况。例如，有的同学看到学习好的同学买了一本什么参考书，就千方百计也想要弄到手，而不看看自己手头的作业和考试是否可以应付得过来。还有的同学只注重贴出来的广告或是书的装帧，东一锤子西一棒子地“覆盖”，而导致上当受骗。在高考前，总是有许多书商针对同学最后一搏的急于求成的心态，出了大量的题库一样的书籍，还美其名曰“××天见效”，让周围一些同学在高考前，将最后的宝贵时光用在了这些垃圾书籍上。

对家长提出以下几点建议：

1. 说服教育

可以讲一些小故事小笑话之类的东西，让孩子在笑声中学到东西。如一个丈夫对妻子说：“你怎么搞的？这牛肉馅饼没有烧熟。”妻子说：“可我是照着烹调书烧的呀，食谱上的做法是供四个人吃的，而我们只有两个人，所以我就减去了一半的料儿，当然啦，烧的时间也比书上讲的少了一半。”

2. 多一点幽默感

中国传统的家庭教育大都很严肃，如：“棍棒底下出孝子”。殊不知，最好的家教应该是略带一些幽默的教育方式。朋友10岁的孩子痴迷于武侠电视剧，天天冲冲杀杀的。一天，孩子又看中了一支玩具步枪，缠着要买，而家中的武器玩具早就堆积如山。朋友说：“儿子，你的军费开支也太大了，咱们裁减点军费如何？”儿子扑哧一声笑了，从此，再也没有要父亲买过武器玩具。

3. 借古讽今

古时候，越国有两个女子，一个长得很美，叫西施，一个长得很丑，叫东施。东施很羡慕西施的美丽，就时时模仿西施的一举一动。西施有心口疼的毛病，发作时，她常用手捂住胸口，双眉紧皱。东施以为西施这样就是美，于是也学着她的样子在大街上走来走去。可是街上行人见了她的这个样子，吓得东躲西藏，不敢去看她。让孩子明白什么是“东施效颦”，明白不知道人家的优势和自身的缺点在哪里，就胡乱模仿，是一定要闹笑话的。

4. 培养孩子的独立思考能力

学生不能独立思考，一般表现为不会、也不敢提出问题。要培养学生善于提出问题的能力，激发学生思考。尽可能地扩大知识面，以开阔思路，给学生思考和讨论的余地，以便让他形成自己的一套学习方法。

5. 注重孩子自信心的培养

一个孩子为了给妈妈庆祝生日画了一张画，结果在画画时不慎将颜料弄到洁白的墙上去了。孩子的爸爸回家看这了那个情景，没头没脑地把孩子批评一通：“谁要你把颜料弄到墙上去的，把墙搞坏了，谁要你画画了！”这对孩子的自尊心是个损伤。正确的做法是，应该先表扬一下孩子：“你真不错，能够亲手给妈妈画画。”让孩子能为自己的举动而感到自豪。然后再告诉孩子，应当讲卫生，做事要细心等。让孩子在不知不觉中接受教育，同时还维护了他的自尊心。要让孩子有自信，才不会凡事都学着别人的样子生活。

坏习惯83. 孩子浅尝辄止的坏习惯

许多孩子有这样的毛病：做作业或是完成老师布置的任务时，往往没有耐心，凡事都不求甚解，蜻蜓点水式地尝试一下就放弃了。也有一些孩子本来喜欢美术或是音乐，但是一旦受到了打击或者干一些他们所谓的单调的“重复劳动”，就马上兴趣全无，立即将精力转移到其他事物上。这种学习坏习惯会导致一事无成。

许多人都很喜欢王安石的《登飞来峰》：“飞来峰上千寻塔，闻说鸡鸣见日升。不畏浮云遮望眼，只缘身在最高层。”这首诗不但是一幅出色的风景画，一支表达雄心壮志的抒情曲，而且还蕴藏着耐人寻味的哲理。袁枚的《随园诗话》中的“到此已穷千里目，谁知才上一层楼”，以及苏东坡的“不识庐山真面目，只缘身在此山中”和王之涣的“欲穷千里目，更上一层楼”都可当做这首诗的注脚看。

自古以来，在文化科学上有卓越造诣的巨人，在别人的赞誉中，他们似乎已登上了最高层，“已穷千里目”了。但这些巨人们往往自以为“才上一层楼”，前面还有千层万层待攀登。正因自以为“才上一层楼”，才能使自己不断地“更上一层楼”，最后真正达到学术文化的最高层。

在学生的学习中也是这样，要勇于“更上一层楼”才有可能得到预想的效果。

希腊神话中：有个狮身女首而有双翼的怪物，名叫斯芬克斯。它常常踞坐在路旁岩石上，出谜语给过路的行人猜：“有一种东西，起初是四只脚，后来是两只脚，最后是三只脚，脚最多时最弱小。这是什么东西？”这个谜语难倒了很多人，当时不能回答谜语的人就被杀死了。后来，一位名叫俄狄普斯的过路人猜中了，谜底是“人”。于是，斯芬克斯惭愧地投岩而死。

从这个神话中我们可以得到有益的启示。其实，所有的知识，都有一个各种谜的不断提出与解决的过程。那些不能回答这些谜的人，便成了斯芬克斯的手下败将和俘虏；而有的人像俄狄普斯一样，通过艰苦的思考和研究，终于揭示了谜底，征服了斯芬克斯，成为了真正的英雄。谜，对于那些不愿多动脑筋的人而言是可怕的，它意味着灾难；谜，对于那些意志坚定的人而言，却是可喜的，它意味着创造的可能性。

对于知识，我们有些同学缺少的就是好奇心以及深挖的精神。只有把知识学深了，才有可能灵活运用。浅尝辄止的学习习惯是一定要改正的。

有这样一些同学，他们怕读“死书”，结果就不想读书或不认真读书，只是蜻蜓点水、一带而过，并没有把书上的知识细细咀嚼，吃下肚去，从中吸收有益的营养。如此，他们在学习上的毛病，就是不“死”不“活”。坐不下来，读不进去，不专心，不踏实，怕困难，想取巧，只想一步登天，不愿循序渐进，想“活”也“活”不了。

宋代伦理学家朱熹有一首《观书有感》：“半亩方塘一鉴开，天光云影共徘徊。问渠哪得清如许？为有源头活水来。”意思很明白：池塘清澈见底，宛如一面镜子；水底天中云彩飘忽。于是，诗人很羡慕池水能够这样清澈，原来是因为有源头的活水不断地流进来呀！

如何才能使自己所学的知识像诗中所描写的塘水那样清澈，能够正确地反映客观世界呢？这决定于“塘水”不是一池“死水”，而须有“活水”不断地从源头滚滚流来，即是说：学习是永远不能自满的。自满了，就像塘水断了源头，即使开始时也曾清澈可爱，但日子一长，仍会渐渐混浊而腐臭。蜻蜓点水的学习方法很显然会带来这种后果。

对家长提出以下几点建议：

1．鼓励孩子刨根问底的积极性

在日常生活中，孩子对许多事总爱刨根问底，这是好奇、求知的表现，说明孩子爱动脑子。家长切切不可嫌孩子“嘴贫”，冷漠对待。最好跟孩子一块儿刨根问底，能解决的自己解决，不能解决的可请教他人或者查阅资料。

2．指导孩子在学习过程中，多问自己几个“为什么”

由于学习任务多，孩子往往满足于知识是什么就过去了，很少多问几个“为什么”。家长不妨教给孩子，每天学习以后，给自己提一两个“为什么”的问题，动脑筋去思考，想出合理的答案。

3．鼓励孩子一题多解

老师留的作业，经常不止一种答案，一种解法。孩子在完成作业时，一般只写一种。家长可以引导孩子想一想，还有没有别的答案、别的方法。若时间允许，可以将其写在另外的纸上或本上。

4．培养孩子查阅工具书和资料的习惯

工具书和资料是“不会说话的老师”，在学习中，会使用工具书和资料好处很多，除了一般的字典、词典以外，各门学科都有专门的工具书。家长要指导孩子多利用工具书。家长自己应给孩子做榜样，遇到生字、生词，请教“不会说话的老师”。还可以跟孩子进行查字典、词典比赛。

5．孩子考家长，家长考孩子

安排一个时间，全家人坐下来，就某一方面的问题孩子和家长互相考一考。内容应事先定好，大家有所准备，谁提出问题，自己必须有准确答案。

坏习惯84. 孩子不善于及时总结回顾的坏习惯

考试失利后，竞赛失败后，甚至当一期板报没有办好时，我们都应该及时总结一下，看看到底错在哪里、如何补救。

汪永同学每天上课之前都十分认真地预习，课上专心致志地听讲，回家写完作业后，马上就预习新课。但是每次考前复习的时候，他都觉得许多知识好像还很生疏，甚至有些已记不清是什么时候学的了。陆远同学头脑灵活，思维敏捷，平时的单元测验成绩一直很优秀。可一到“大考”的时候，跨章节、跨系统的能力型综合试题他却总是做不对。但分析试卷之后，他又恍然大悟：“噢！原来这儿和那儿是有关系的……”他们俩的问题，在中学生中是比较普遍的。这是一种很重要的学习能力的欠缺——即不会“回顾总结”，它直接影响到学习效果的好坏。

回顾是有意识地回忆和再现，是有效的记忆方法。如果对于识记过的知识不定时回顾，那么一段时间过去之后，就会发生像汪永同学那样的情况，即不能回忆起来或回忆有错误，这就是遗忘。相对于汪永同学而言，陆远同学或许做到了回顾。但由于他还仅仅停留在这个阶段上，而没有及时地把知识条理化、结构化、系统化，更没有从总结之中培养自己分析问题、解决问题的能力，因此对综合性的考查就有些“吃不消”了。学习贵在“回顾总结”，即“回顾”为本，重在“总结”。自主的总结是使学习发生质的飞跃的桥梁，它可以使学生的知识体系更加完整，知识线索更加清晰，更有助于学生从整体上“高瞻远瞩”地把握知识。同时，在总结的过程中，学生可以自觉地发现知识间的内在联系，这对学生学习灵活性和综合运用能力的提高都是大有裨益的。

周灭殷商后，周公总结经验教训，提出对鬼神的怀疑。更重要的是，周公更进一步认识到“民众”在推翻纣王暴政过程中的巨大力量。所以，为了巩固周王朝的长期统治，周公“崇德”、“制礼”，积极推行以“民众”为政治生活中心的政策，在思想史上完成了一次突破。

总结经验和教训在日常生活中也非常重要，一个优秀的推销员就要善于反思以往的工作，并从中总结出成功的经验和失败的教训，以便将以后的工作做得更好。“失败乃成功之母”，没有失败的教训，就没有以后的成功。

杰斐逊是一个推销医疗设备的专家，他认为在推销过程中有必要采取强硬的态度以引起顾客的注意，只有这样才能把顾客从昏沉中惊醒过来。他常常对顾客说：“你们的医疗设备已经过时了，我们的医疗设备可以每天为您节约好几个小时的工作时间。”但顾客听了很生气，反驳说：“我就不信你说的那一套。”杰斐逊没有把顾客的反驳当成一件坏事，反而认为这是向顾客展示自己的机会。他经常会接着说：“我的话是可以证实的。”于是他就开始长篇大论地解释。但他很快就不得不停下来——顾客已经怒容满面了。

事后，杰斐逊并没有很好地总结失败的教训，他认为自己的推销方法没有错，只怪这些顾客太顽固了，听不进合理建议。杰斐逊的这种强硬的推销方法一直在使用，最后，他碰得头破血流，结果只能是大败而归。经过多次的失败后，杰斐逊不得不开始认真总结失败的教训。他发现，曾经拒绝过他的顾客竟然接受了自己的竞争对手的同样的产品。竞争对手的成功，终于使杰斐逊悟出自己的推销方法有问题。

于是，以往那种不顾顾客感受的销售方法不再有了，他改进了方法，开始采取征求顾客意见和看法的提问方式：“您对改进你们的医疗设备有兴趣吗？因为这样每天可以节省好几个小时的工作时间。我可以用几周的时间证明给您看。您想听听有关这方面的详情吗？”业务洽谈顺利进行得益于这样的提问方法，杰斐逊终于成功地将产品推销出去了。

假如杰斐逊仍旧不总结以往的经验教训，不改进自己的销售方式，那么他的销售业绩永远也不会提高，因为顾客永远也不会接受他的销售方式。可见，及时总结经验教训对于人们是如此的重要。

强者之所以为强者，就在于他们遇到挫折时，善于总结，克服了自己的消沉与软弱。大家都知道：伟大的作家鲁迅也曾经彷徨过，发现新大陆的哥伦布也曾经忧郁过，伟大的物理学家伽利略也曾经屈服过，著名的歌德、贝多芬甚至还曾想自杀……但他们最终都坚定地走向了真理。在这个战胜自我的过程中，遭受挫折后认真总结教训是非常重要的。失败毕竟是失败，其中必有缺点和错误，应认真总结，吃一堑，长一智。

对家长提出以下几点建议：

1. 帮助孩子了解自己

让孩子充分了解自己是什么样的性格，适合什么样的学习方法。

2. 经常向孩子请教

有时在某方面，现在的孩子懂得的东西比大人还要多。有些知识，家长可以直接以孩子为老师，既学到东西，又促进孩子总结自己在学校学得的知识。现在，有不少家长跟孩子学英语，孩子英语学得更好，比听写、默写还管用。

3. 增加家务劳动中的智力活动

很少有人想到家务劳动与智力的关系，其实，所有的劳动都蕴涵智力因素。如何做饭能节约时间；如何做菜才好吃、好看；大扫除中，先干什么，后干什么；如何擦地板才能干净……越是复杂的劳动，智力含量越高，可以让孩子从中总结出一些智力劳动的经验、教训。

坏习惯85. 孩子学习无规律的坏习惯

众所周知，好的学习规律可以使学习的效率倍增，在较短的时间内取得较大的收获。反之则可能花费了很多时间学习，却收效甚微甚至劳而无功。

“揠苗助长”中的宋国人十分希望自己的禾苗长高，其想法是好的，但他没有根据禾苗的生长规律而采取了不正确的方法，将禾苗一棵棵地往上拔了一截，结果禾苗都枯死了，遭到了自然界的惩罚。

规律是事物本身固有的联系，只有充分认识规律、利用规律，才是正确的做法。有些学生平时下了很多功夫，却总是抱怨成绩不理想。究其根源，是学生没有能够准确认识和掌握学习的规律。如应按大脑的活动规律学习，严格要求，把所学知识搞懂、学好，扎扎实实，一步一个脚印，日积月累，打下坚实的基础；按照循序渐进的原则，熟读而精思地学习，熟读是前提，精思是关键。总之，学习的过程要合理用脑，有张有弛，才能提高学习效率；相反，若不善于安排时间，不仅学不到东西，而且会使人常常处于疲倦状态。

学习到底有没有捷径，借用一位高考状元的话说：学艺如磨刀，不磨刀背就是捷径。而好的学习规律就可以指导你把劲用在刀刃上，不磨刀背。

还有许多同学没有找到适合自己的学习规律，而生搬硬套别人的方法或一味地“傻学”。例如，有一位同学，学习不可谓不刻苦：天天追着老师问问题，自己每天每科至少做20道题，晚上常常学习到深夜。但是，他的学习成绩不但没有提高，反而后退了不少。这是为什么呢？原因就在于他只注重做题的数量而不注意质量，做了过多重复的题，而做完题后又不善于总结，导致每一次遇上相同类型的题还要去问老师。因此，首先，做题不但要看数量，更重要的是看质量，只有在做完一道题后进行必要的总结，才能有所收获。也就是说，不必每一分钟都学习，但是学习时每一分钟都应该有收获。这就像n个0相加，结果仍然是0，而几个0.0001相加的结果就不是0.0001了，所谓积少成多就是这个道理。还有一些同学，没有找到适合自己的学习方法，于是到处请教，然后照搬别人的学习方法。例如，有一位同学，听说某位学习好的同学每天晚上都学习到夜里两点钟，于是他也每天学习到夜里两点钟，结果，学习成绩没上去，还把身体熬坏了，请了好几天的病假，耽误了正课。因此，学习规律因人而异，适合自己的规律就是好规律。

有了正确的学习方法才能掌握学习规律。学习方法和规律有很多，关键在于如何运用它们。有的人“十年寒窗”，一贯死记硬背，囫囵吞枣，食而不化。他们根本不懂得，读书的目的就是要使前人的宝贵经验成为自己知识上的血肉。死记硬背的结果，是把书上有用的活知识变成了无用的死东西。善于学习的人懂得“死”与“活”之间既矛盾又统一的辩证关系。一方面，要认真读书，专心学习，下够功夫，掌握住基本知识；另一方面，应独立思考，把书本知识变为自己活的知识的血肉，真正把书读活。正如我们的一日三餐，虽然吃的是死的做熟了的东西，但经过肠胃的消化和吸收，这些东西能成为我们活的有机体的一部分。

有个寓言说：古代有两个人站在一只肥猪面前，研究怎样将肥猪的肉变成自己的肉。两人意见有分歧，发生了争论。

甲说：“最可靠的办法是把猪杀死，吃下肚去。”

乙说：“不行，不能吃死猪。死猪怎么能变成活肉呢？”于是他走到猪面前，用手摸摸，用鼻子闻闻，以为这是将猪肉变成自己的肉的最好办法。

显然，甲的办法比较高明，因为他能辩证地将“死”与“活”联系起来考虑，而乙却只是机械地看到“死”与“活”相互对立的一面，而看不到它们在一定条件下可以转化的另一面。

另外，在学习和工作中，还应该懂得劳和逸、张和弛之间的辩证关系，要科学地安排和支配时间，使自己成为时间的主人。一天，一周，一月，一年甚至几年，要学些什么，心中得有个数；平时要把工作、学习和休息有节奏地配合起来，善加安排，做到有劳有逸，有张有弛。工作和学习时要集中精力，专心致志，以提高效率；休息或娱乐时又要轻松愉快，心旷神怡，以消除疲劳。

对家长提出以下几点建议：

1. 首先要明确学习目的

只有明确了学习目的，才能找到学习规律。小勇非常喜欢英语，可是一直学不好，怎么回事呢？经过仔细分析，他发现自己的毛病就出在单词量太少上。从此，他规定自己每天必须记忆10个生单词。就这样一直坚持下去，后来他慢慢发现其实英语单词的构词法是很有规律的，往往记住了一个单词，就能掌握一系列的单词了。

2. 注意总结成功的经验

从成功中总结经验，是最聪明的方式。成功的经验能进一步激发孩子的积极性，总结学习规律，从一个成功走向另一个成功。

3. 善于质疑

若不常常在自己脑子里放一些问号，不虚心向师友提问请教，孩子在学习上必然会孤陋寡闻、停滞不前。

坏习惯86. 孩子学习没有目标的坏习惯

我们说要设定一个适当的学习目标，是因为这样做以后，我们学习起来，便有了前进的方向，并由此产生了前进的动力，从而有效激发我们的上进心；而达到目标后又可增强我们的成就感，继而获得更多更大的进步。

公司请来的大牌美国人力资源专家在员工培训班一开始上课，先问了几十个参加者一个小问题："你们说，开车的人进了加油站最想完成的事情是什么？"开车的人进加油站还能干什么呢？"加油！"超过一半的人都这样回答。从老师略显失望的眼神里，大家看出这显然不是他所期望的答案，因此又补充了"歇会儿"、"买吃的"等几个答案，甚至"上厕所"都替人想到了。只见专家做沉思状，绕着长长的"弯子"说："如果我们今天人数足够多的话，你们当中一定会有人告诉我，开车的人进了加油站，最想早一点离开加油站，继续他的行程，无论是工作还是休闲。"专家见大家茫然，又解释说，每个人做事都会有一定的目标，而这个目标又应该是从属于一个远大的目标。

下面是一项来自著名的耶鲁大学的跟踪调查。说起来这项研究其实很简单，在开始的时候，研究人员向参与调查的学生们问了这样一个问题："你们有目标吗？"对于这个问题，只有10%的学生确认他们有目标。然后研究人员又问了学生们第二个问题："如果你们有目标，那么，你们是否把自己的目标写下来了呢？"这次，总共只有4%的学生的回答是肯定的。20年后，当耶鲁大学的研究人员在世界各地追访当年参与调查的学生们的时候，他们发现，当年白纸黑字把自己的人生目标写下来的那些人，不管从事业发展还是生活水平上说，都远远超过了另外那些没有这样做的同龄人。不说别的，这4%的人所拥有的财富竟然超过了其他96%的人的总和！

做任何事情都应有目的性，无论这一目的是多么具体抑或多么抽象。也许你学习指向的目标常常变化，那么至少在一段时间内可以知道目前的学习道路该如何走。一些人继续求学的原因可能是为了使自己今后选择工作的机会更多、筹码更重；有些人也许认为学习是为了重新选择人生。但是要将抽象的目标具体化，用它来指引你整个的学习过程。

学习目标的具体化同时也规范了你学习的内容。如今的学习一方面是在提高个人的能力素质，另一方面也是在为进入社会做技能准备。在目标指导下可以规划出几年内的学习体系，在这期间的每一种选择都是在丰富、充实它。就像我们入学时的课程选择，就是在为自己的专业方向规划一个学习体系。

一名在计算机方面有突出成绩的同学在向别人介绍自己的学习经验时说，由于从小就喜爱电脑，所以课外实践活动主要以学习电脑为主，他给自己设定了一个目标——要在程序设计比赛中获奖。有了目标，就有了动力，有了方向，于是他就抓紧每一分一秒的时间。他首先坚持按要求完成课内的学习任务，力争腾出更多的时间来搞计算机的编程和网络设计。由于他日复一日、年复一年地坚持不懈，勤奋学习，努力实践，近3年来先后获省和全国中学生计算机网络设计和编程大赛的若干项奖励。他的目标实现了，而且学习的任务也完成得很好。

在达成学习目标的过程中，十分有必要树立良好的学习态度。因为目标也好、内容也好，都是由自己主观掌控，如果不端正好学习态度，对学习的热情就没法持之以恒，那么收获的学习成果就可能无法都达到心中的最优。

要想有效提高自己的成绩，一定要设定一个适当的目标。所谓适当，是指这个目标不能太高也不能太低，要符合自己的实际情况。这是因为，如果目标定得太高，会使你因为达不到目标而失去信心，导致成绩的下滑。举个简单的例子，有一个同学，平时各科成绩只有七八十分，这次期末考试之前竟满怀激情地一下子将目标定为各科成绩都要达到95分以上。这个目标显然是脱离实际的，即使他在临考前昼夜不息，拼命学习，一下子从一个中等生跃升成尖子生，这种可能性是不大的。事实证明他失败了。而目标定得过低，也是不行的。例如一个平时各科成绩都90分以上的同学，却只要求期末考试成绩达到90分即可，这个目标显然又太保守了，这样的目标就产生不了多大的激励作用和推动力，就失去了设定目标的意义。

对家长提出以下几点建议：

1. 以兴趣为出发点，设定最符合孩子自身情况的目标

充分调动孩子的兴趣，当孩子发现某种知识对个人所具有的意义时，他们学得最好。欢欢从小就喜欢摆弄飞机模型，他的妈妈发现了这一点，就鼓励孩子参加各种航模比赛，在妈妈的鼓励下，欢欢获得了省内外很多奖项，最终，考上了著名的北京航空航天大学。

2. 鼓励孩子通过对自身的了解，自己给自己设定目标

当学生被鼓舞和被信任能做重要的事情时，他们学得最好；孩子都是需要鼓励的，一点点的肯定和赞许，就有可能使孩子形成一股强大的动力。要充分信任孩子，让他们从小就养成自己管理自己的好习惯。

3. 准确把握自己的现实学习水平，切实设定可行性目标

要根据自己的实际学习水平设定目标，不可过高也不可过低，这样才能一步一个台阶地前进。